歴史総合パートナーズ ❿

大衆はどう国民化されたのか

ー 世論のメディア史 ー

佐藤 卓己

Sato Takumi

JN241927

SHIMIZUSHOIN

凡例

・引用文中の太字や下線，［　］内の注記は引用者によるものです。また，引用に際して漢字は常用漢字に改め，適宜振り仮名を振りました。

・引用文中に現在では不適切な表現がありますが，当時の時代状況を鑑み，そのままの表現としました。

目次

はじめに：近代民主主義は「大衆の国民化」を必要とした！

「世界史の問題におまえ，出てるぞ！」

　2023年（令和5年）1月28日に実施された大学入学共通テスト（追試験）のことです。最初の科目，「地理歴史公民」が終わった直後，古い友人からメールが入りました。少しびっくりしました。私は世界史上の偉人でも歴史学界の有名人でもありません。

　「世界史Ａ」第2問に私の著書『ヒューマニティーズ　歴史学』（岩波書店，2009年）から文章が引用されていたのです。その問題は次頁に示します。

　高校生の皆さんは2022年から開始された「歴史総合」を学んでいますね。それに先行した旧科目の一つが「世界史Ａ」です。わかりやすく言えば，「世界史Ａ」と「日本史Ａ」を合体して「近代化→大衆化→グローバル化」の流れで再構成したのが「歴史総合」です。文部科学省の「高等学校学習指導要領」を比較してみれば，「歴史総合」が「世界史Ａ」の後継科目であることは明らかです。「世界史Ａ」と「歴史総合」の目標について，文科省はこう述べています。

　　世界史Ａ＝近現代史を中心とする世界の歴史を諸資料に基づき地理的条件や日本の歴史と関連付けながら理解させ，現代の諸課題を歴史的観点から考察させることによって，歴史的思考力を培い，国際社会に主体的に生きる日本国民としての自覚と資質を養う。（2009年〔平成21年〕告示「高等学校学習指導要領」）

　　歴史総合＝社会的事象の歴史的な見方・考え方を働かせ，課題を追究したり解決したりする活動を通して，広い視野に立ち，グローバル化する国際社会に主体的に生きる平和で民主的な国家及び社会の有為な形成者に必要な公民としての資質・能力を次のとおり育成することを目指す。（2018年

〔平成30年〕告示「高等学校学習指導要領」）

　注目すべきは，学ぶ主体，つまり皆さんが「国際社会に主体的に生きる日本国民」（世界史Ａ）から「グローバル化する国際社会に主体的に生きる……公民」（歴史総合）へと変化していることです。「国民」nationから「公民」citizenへの移行は，重要な意味を持つように思います。それは本書のおわりにもう一度立ち戻ることにします。

　さて，「私」が登場した世界史Ａの問題です。ここで取り上げられている国民化とファシズムの関係を探究する問いは「歴史的な見方・考え方」を深めるという歴史総合の目的にも則しています。この良問を追試用で埋もれさせるのはなんとも惜しい，それも私が本書を執筆した理由の一つです。まずは以下の問題に挑戦してみてください。

第2問　歴史上の国民や国家に関する次の文章**A・B**を読み，後の問い（**問1〜6**）に答えよ。

A　次の**資料**は，佐藤卓己『ヒューマニティーズ　歴史学』の一部を要約したものである。先生が資料を基に，歴史用語の翻訳について授業をしている。

資　料

> 　「国民化（ナショナリゼーション）」という言葉は，日本では十分に理解されていない。歴史教科書でナチズム（ナショナル=ソーシャリズム）を「国家社会主義」，ナチ党を「国家社会主義ドイツ労働者党」とする誤訳が今もって繰り返されていることからも明らかである。ドイツ史研究者が「国家社会主義」の訳語を使うことはまずないが，辞書レベルでは「ナチズム」を「国家社会主義」と訳すことが多い。ここにはナチズムを大衆運動として捉える視点が欠落している。

ア 以来の健全な国民主権や民主主義の政治的伝統の上に，ナチズムは登場したのである。健全な市民的価値観こそ，同性愛者やユダヤ人などの「アウトサイダー」を捏造しつつ，ファシズム台頭期の国民主義を支えた精神的基盤であった。

先生：この**資料**に見られる「国民」や「国家」は，英語ではネイション（nation）と表記されます。皆さんの使っている教科書では，ナチ党は「国民社会主義ドイツ労働者党」と訳され，その一部に「国民」が入っていますね。「国家」は補足的に書かれているにすぎません。研究成果が，歴史用語の翻訳に反映された結果です。

赤木：歴史研究は常に更新されているのですね。ア の際に出された宣言では，第一条で自由と平等が掲げられています。**資料**と先生の解説から考えれば，第三条の イ という語句が，ナチ党の訳語とも関係しているということですね。次に，ⓐ19世紀からファシズム台頭期にかけての「国民」に関連する歴史を調べてみようと思います。

先生：良い発想ですね。さらに，ⓑナチ党と大衆文化，特にメディアやプロパガンダとの関わりを併せて考えれば，**資料**中にある「国民化」と大衆との関わりが見えてくるでしょう。

問1　文章中の空欄 ア の際に出された宣言の名**あ**・**い**と空欄 イ に入れる語句**X**・**Y**との組合せとして正しいものを，後の①～④のうちから一つ選べ。

宣言の名

あ　アメリカ独立宣言

い　フランス人権宣言

イ に入れる語句

X　新しい政府を設けることが，人民の権利である

Y　あらゆる主権の根源は，本質的に国民に存する

①　**あ－X**　②　**あ－Y**　③　**い－X**　④　**い－Y**

問2　下線部ⓐについて，国民の歴史に関係する次の図Ⅰ～Ⅲに描かれている事柄が年代の古いものから順に正しく配列されているものを，後の①～⑥のうちから一つ選べ。

Ⅰ

このポスターは，国民が総動員された戦争中に，同盟国側のドイツで作成された。軍需工場で働く女性が，兵士に武器を手渡す姿を描写している。

Ⅱ

この絵画の中央に描かれている首相は，ドイツの国民主義を利用して，統一を果たした。

Ⅲ

この絵画に描かれている革命は，自由主義運動と国民主義運動の高まりのなかで起こった。

① Ⅰ → Ⅱ → Ⅲ　　② Ⅰ → Ⅲ → Ⅱ　　③ Ⅱ → Ⅰ → Ⅲ

④ Ⅱ → Ⅲ → Ⅰ　　⑤ Ⅲ → Ⅰ → Ⅱ　　⑥ Ⅲ → Ⅱ → Ⅰ

問3　下線部ⓑについて，次の年表に示した**a**～**d**の時期のうち，ヒトラーの率いるナチ党が第一党になった時期として正しいものを，後の①～④のうちから一つ選べ。

> | **a** |
> 1895年フランスのリュミエール兄弟が，映画を上映した。
> | **b** |
> 1920年アメリカ合衆国で，ラジオの公共放送が開始された。
> | **c** |
> 1936年ベルリンで，オリンピックが開催された。
> | **d** |

①　a　　　　②　b　　　　③　c　　　　④　d

（大学入学共通テスト　令和5年度追・再試験「世界史A」より抜粋）

　いかがですか，簡単にできましたか。正解（15頁以降を参照）を示す前に問題の解説をしておきます。本書のテーマである「大衆の国民化」について理解がないと，問1は少し難しいかと思います。

「大衆の国民化」とは何か

　問1は「国民化」nationalizationと「ナチズム」national socialismの概念が問われています。まず「国民化」ですが，そもそもnationalizationを英和辞典で引くと，古い版では「国民化」や「帰化」よりも「国有化・国営化」の訳語に出会いますね。その意味では，これも史料の文脈を踏まえて事象を考察する「歴史的思考力」が必要な言葉です。

　資料として要約された拙著の当該箇所ですが，直前にナチ党指導者アドルフ・

ヒトラー（Adolf Hitler, 1889～1945）がナチズム運動の目標を述べた『わ
が闘争』第1巻（1925年）から次の言葉を引用しています。

　　　広範な**大衆の国民化**は、生半可なやり方、いわゆる客観的見地を少々強
　　調する程度のことでは達成されず、一定の目標をめざした、容赦のない、
　　狂信的なまでに偏った態度によって成し遂げられるのだ。[※1]

　この「大衆の国民化」を、亡命ユダヤ人歴史家ジョージ・L・モッセ（George
Lachmann Mosse, 1918～1999）はナチズムの歴史的起源を論じた主著の
タイトルに採用しました。日本語版の序文で、『大衆の国民化』の執筆目的をこ
う書いています。

　　　この時代を体験した我々の多くは、ナチ宣伝を、また大衆の感性的動員
　　を軽蔑的に語るが、次の事実を忘れている。つまり、問題は主権在民に基
　　礎付けられ、すでにルソーとフランス革命以来、近代の中心課題の一つと
　　認められてきた政治様式なのである。すなわち、**いかに一般大衆を国民国
　　家に組み込み、いかに彼らに帰属感を与えることができるか**、という問題
　　である。[※2]

　皆さんは、ナチズムが近代化とは真逆の反動であり、国民主権や民主主義に
基づくものではないと思っていませんか？　そうした「常識」を持った大人は
いまも少なくありません。ところが、ヒトラー政権の成立とその展開はフラン
ス革命以来の健全な国民主権や民主主義の政治的伝統の上に説明すべきだ、と

モッセは言うのです。しかも，「大衆の国民化」という意味が，第二次世界大戦後の日本社会では十分に理解されていませんでした。1990年代初頭に『大衆の国民化』の日本語訳を企画した際，出版社の中でもタイトルが「国民の大衆化」と誤解されていたと担当編集者は苦笑します。21世紀生まれの皆さんはどうでしょうか？　「格差社会」や「労働移民」が話題になる昨今ですが，自分が日本国民として平等に権利と義務を持っていることを当然のことと考えていませんか？　少なくとも日本の女性には1945年まで選挙権がなかったわけですから，女性は男性と平等な国民ではありませんでした。しかし，「一億総中流」幻想に覆われていた20世紀後半の日本では，みんな「国民」であることは自明とされ，階級・性別・年齢で分断されていた大衆が，総力戦体制において「国民化」された歴史は忘却されていたようです。

ナチズムは「国家社会主義」ではない

　もう一つの概念「ナチズム＝国民社会主義」についても簡単に説明しておきましょう。資料ではナチ党の党名問題を扱っています（ちなみに，私は英語の複数形であるナチスNazisでなく，ドイツ語の略称であるナチNaziを使います）。

　今日ではほとんどの歴史教科書でナチズムは「国民社会主義」と訳されていますが，第二次世界大戦後は長らく「国家社会主義」と誤訳されてきました。

※1　佐藤卓己『ヒューマニティーズ　歴史学』岩波書店，2009年，62〜63頁。引用文は平野一郎・将積茂訳『わが闘争』角川文庫，1973年，480頁も参照しましたが，訳文には手を入れました。

※2　ジョージ・L・モッセ，佐藤卓己・佐藤八寿子訳『大衆の国民化—ナチズムに至る政治シンボルと大衆文化』(柏書房，1994年) ちくま学芸文庫，2021年，9頁。ちなみにモッセの大叔父は，明治日本に「お雇い外国人」として招かれ大日本帝国憲法制定や市制町村制創設にたずさわった内閣法律顧問アルベルト・モッセ（Albert Mosse, 1846〜1925）です。

その理由は，戦後日本でナショナリズムを「悪しき国家主義」と「善なる国民主義」に訳し分ける習慣が成立していたためです。特に戦後日本の論壇をリードした政治学者・丸山眞男（1914〜1996）の影響は大きいでしょう。丸山は明治期のナショナリズムを「国民主義」，昭和戦前期のウルトラ・ナショナリズムを「超国家主義」と訳し，前者のナショナリズムを「進歩」への契機として評価し，後者のナショナリズムを「反動」として批判しました。この用語法からすれば，戦後に作られた日本国憲法の国民主権と結びつく健全なナショナリズムが「国民主義」で，病的なナショナリズムが「国家主義」となります。しかし，それは思想の価値を論じる政治学ならともかく，事実を扱う歴史学では奇妙な用語法です。そもそも自ら悪者を名乗る政治運動があるでしょうか。当然ながら，ナチ党員もその支持者たちも自分たちの思想信条こそ善なるもの，健全なものと考えていました。「ヒトラー政権の成立とその展開はどのように説明できるのか？」という問いに向き合うためにも，歴史学ではナチズムを「国民社会主義」と訳すべきなのです。ちなみに，ドイツ現代史家・小野寺拓也はこの訳語問題を，別の拙著を引用しつつ次のように論じます。

　　「国家社会主義」という訳語を当てることによって何が見えにくくなっているのか，ということだ。メディア史研究者の佐藤卓己は次のように指摘する。
　　　そこには全体主義論でソ連共産主義と一括りにしたいという反共的な思惑とともに，「国家」責任のみ追及して「国民」責任を問おうとしない心性が見えかくれしている
　　「国家社会主義」という訳語によって，人びと＝国民のナチ体制への協

力を見ないようにしようとしているのではないか，という指摘である。実は1980年代までは，研究者たちにも似たような傾向が見られた。……議論の対象は基本的にエリートたちに限られていた。しかし1990年代以降，こうした研究の枠組みは大きく変わることになる。ヒトラーやエリートたちだけでなく，「普通の人びと」による同意，協力，支持，少なくとも黙認があったからこそナチ体制は成り立っていたのではないかという，「賛同に基づく独裁」論が学界を席巻するようになったのである[※3]。

　ここでいう「普通の人びと」による同意，つまり「国民」の責任という視点は，歴史総合という科目が「グローバル化する国際社会に主体的に生きる平和で民主的な国家及び社会の有為な形成者」を育てることをめざすのであれば，とりわけ重要です。また，そうした「国民」責任という視点を持たなければ，共通テストの資料の後半にある「健全な市民的価値観こそ，同性愛者やユダヤ人などの「アウトサイダー」を捏造しつつ，ファシズム台頭の国民主義を支えた精神的基盤であった」の一文も意味不明なものとなります。ただし，この資料の要約はすこしわかりにくいので，『ヒューマニティーズ　歴史学』から当該箇所（63〜64頁）をそのまま引用しておきましょう。

　　モッセがドイツ近代史の文脈で明らかにしたように，フランス革命以来の健全な国民主権や民主主義の政治的伝統の上に，ナチズムは登場したの

※3　小野寺拓也・田野大輔『検証　ナチスは「良いこと」もしたのか？』岩波ブックレット，2023年，13頁。文中の引用は佐藤卓己『ファシスト的公共性―総力戦体制のメディア学』岩波書店，2018年，62頁から。

である。その意味では，近代主義者・丸山眞男が掬いだそうとした市民の「国民主義」にこそ，ファシズムは胚胎していた。モッセは健全な市民道徳とファシズムの表裏一体性を『ナショナリズムとセクシュアリティ―市民道徳とナチズム』（原著1988年）[※4]でさらに展開している。つまり，健全な市民的価値観こそ同性愛者やユダヤ人など「アウトサイダー」を捏造しつつ，ファシズム台頭期の国民主義を支えた精神的基盤であった。だとすれば，ファシズムは市民社会との対決から発生したのではない。むしろ，市民社会の正常性が全開したところにファシズムは誕生したのである。

　ナチズムを「国家社会主義」と訳し続ける者は，こうした大衆民主主義における「国民化」の魔性に目を背けているにすぎない。もし国民社会主義（ナチズム）が国民主権や市民道徳と関係なく異常で例外的なものなら，近代主義者たちにはどれほど都合がよかっただろう。そうした悪夢は例外的として，歴史から切断されるはずである。しかし，モッセが主張するようにナチズムが国民主義のクライマックスを表現したものならば，近代主義者は国民化すなわち自ら信じる「近代化」にこそ批判の目を向けるべきなのである。

　ナチズムを「異常」「例外」として歴史から切断することは，「歴史する」本シリーズの姿勢からも遠いはずです。「いま・ここ」につながるものとしてファシズムを歴史するためには，「国民社会主義」という，美しい響きを持つ訳語，そして「大衆の国民化」という近代的な国民国家の達成目標を避けて通ることはできないのです。そして現在の私たちもこの「大衆の国民化」の延長上に生きているのではないでしょうか。

これまでお読みいただくとおわかりでしょうが，私は歴史の進歩を素朴に信じる近代主義者，つまり丸山眞男のように近代市民社会の原理を進歩と考えた戦後民主主義者ではありません。歴史家は過去に生きた人々に共感することはあっても，どんな時代であれ他者の生き様を「遅れていた」とか「不幸だった」と安易に価値判断すべきではないと思います。それゆえ「近代化」や「大衆化」だけでなく，本書で扱う「大衆の国民化」や「輿論の世論化」についてもできる限り価値中立的に論じていきます。

＊　＊　＊

追試問題の正解

　問1の正解は④です。 ア（フランス革命） の際に出された宣言は<u>フランス人権宣言</u>， イ はその第3条「<u>あらゆる主権の原理は本質的に国民に存する</u>」ですね。1789年に始まるフランス革命は大衆を参加させる政治宣伝に不可欠なシンボルの成立に絶大な影響を与えました。「自由・平等・博愛」liberté, égalité, fraternité, 「一般意志」volonté générale, 「進歩」progrès, 「国民」nationなどの理念はもとより，問2の絵画Ⅲにも登場する「自由の女神（最も有名なのは，1776年のアメリカ独立革命を記念してフランスの募金で1886年に建設されたニューヨークのもの）」や「赤旗（革命のシンボルとして社会主義国家の国旗などに採用されている）」，さらに「ファスケス〔束桿〕（結束や正義を示す古代ローマのシンボルですが，フランス革命で国民的団結の象徴となり，やがてベニート・ムッソリーニのファシスト党Partito Nazionale Fascista

※4　ジョージ・L・モッセ，佐藤卓己・佐藤八寿子訳『ナショナリズムとセクシュアリティ―市民道徳とナチズム』（柏書房，1996年）ちくま学芸文庫，2023年。

が党名に採用してファシズムの象徴となりました）」など，多くの視覚的シンボルもこの革命時に活用されました。シンボルによって大衆を運動に動員する（＝大衆が運動に参加する）「新しい政治」（ジョージ・L・モッセ）は，まさしくフランス革命の中で生まれました。

　問2の正解は⑥です。Ⅲは1830年のフランス七月革命において「赤旗」を掲げるフランス国民のシンボル「マリアンヌ」を描いたウジェーヌ・ドラクロワ（Eugène Delacroix, 1798～1863）の作品（「自由」la Libertéは女性名詞のため「バリケード上の自由の女神」とも呼ばれています），Ⅱは普仏戦争（1870～1871年）に勝利してヴェルサイユ宮殿でドイツ帝国（神聖ローマ帝国〔962～1806年〕を第一帝国と見なして「第二帝国」とも呼ばれます）の成立を宣言する宰相ビスマルク（Otto von Eduard Leopold Fürse Bismarck, 1815～1898）を描くアントン・フォン・ヴェルナー（Anton von Werner, 1843～1915）の作品，Ⅰは「ドイツ女性は国内兵として働く！」と題された第一次世界大戦中（1917年頃）の国民総動員を呼びかける陸軍ポスターです。ちなみに，フランスの「マリアンヌ」に対抗してナポレオン戦争期（1803～1815年）のドイツでも国民シンボルとして神話的女性イメージ「ゲルマーニア」が登場しますが，普仏戦争の勝利を描いた歴史画であるⅡには「女性」がまったく描かれていません。しかし，世界初の総力戦となった第一次世界大戦のポスターであるⅠでは，女性の戦争への「参加＝動員」が中心テーマになっています。この戦争後にドイツで成立したワイマール共和国（1919～1933年）で女性参政権が認められますが，それは続くヒトラーの「第三帝国」（1933～1945年）にも引き継がれます。

　問3の正解は③です。ナチ党がワイマール共和国の議会で第一党になったの

は1932年7月31日選挙であり，翌1933年1月30日にヒトラー内閣が成立しています。ワイマール共和国の終焉であり，第三帝国の幕開けです。それは初めてラジオ定時放送がアメリカのピッツバーグのKDKA局（第3章参照）で開始された1920年と，初めてテレビ中継も行われた1936年ベルリン・オリンピックの間，つまり　C　となります。この第11回オリンピック大会は国威発揚のためヒトラーが全面的に支援したレニ・リーフェンシュタール（Leni Riefenstahl, 1902〜2003）監督の記録映画『オリンピア』（1938年, 日本では1940年に『民族の祭典』『美の祭典』として公開）でも有名ですね。いずれにせよ,「映画の父」リュミエール兄弟（Auguste＆Louis Lumière）のサイレント映画（フランス），KDKA局のラジオ放送（アメリカ），オリンピックのテレビ中継（ドイツ）と，大衆文化の基軸となったマスメディアの起源を考えさせる良問です。

　皆さん，全問とも正解されたでしょうか。この「世界史Ａ」追試問題は，国民国家の成立，マスメディアの誕生から「大衆の国民化」を歴史すべく構成されています。その意味で，この問題は「歴史総合」への踏切板であり，本書全体の枠組みを示していると言ってもよいでしょう。以下では，イギリスやフランスを追いかけて国民国家を成立させた「遅れてきた国民」のドイツも参照しつつ，マスメディアによる合意形成をめざした日本の歩みを概観します。
　「大衆の国民化」をメディア史の視点から「輿論の世論化」として歴史することにより，日本社会の特殊性ではなくメディア環境における世界史的な同時代性が明らかになります。

1. 「遅れてきた国民」は大衆的公共性にどう向き合ったのか？

19世紀「市民社会」の輿論（よろん）から20世紀「大衆社会」の世論（せろん）へ

　皆さんは政治的に発言するとき，自分をどう位置づけていますか。「市民」でしょうか，「大衆」でしょうか。「プロ市民」という言葉は今ではサヨク活動家の意味で使われることが多いのですが，もともとは責任感を持った個人というイメージもありました。他方で「プロ大衆」なら歴史家は「プロレタリア（労働者階級）大衆」を想起しますが，ふつうは自覚に乏（とぼ）しい民衆一般をイメージする人が多いでしょう。そのため，近代化を発展のイメージ，大衆化を退廃のイメージで捉える人も少なくないのではないでしょうか。そうしたステレオタイプ（固定観念）を修正することも本書の目的です。

　そのため，「大衆の国民化」でマスメディアが果たした機能，そこで生み出される「世論」を「近代化→大衆化→グローバル化」における大衆化の産物として歴史します。その時期区分を必要な概念とともに大胆に図式化すれば図1のようになります。

　本書では特に「大衆化」の時代を扱います。時期区分については，イギリスのマルクス主義歴史家エリック・ホブズボーム（Eric John Hobsbawm, 1917〜2012）が「極端な時代」として提唱した「短い20世紀」の枠組みを微修正して利用します[1]。

※1　エリック・ホブズボーム, 河合秀和訳『20世紀の歴史―極端な時代（上・下）』三省堂, 1996年。ポーランド系ユダヤ人として1933年にナチズムから逃れて渡英したホブズボームは，フランス革命勃発（1789年）から第一次世界大戦勃発（1914年）までの125年を「長い20世紀」，第一次世界大戦中に成立したソヴィエト連邦が崩壊した（1991年）までの77年を「短い20世紀」と呼びました。マルクス主義者ではない私はソヴィエト崩壊にこだわりがありません。第一次世界大戦から「ベルリンの壁」崩壊（1989年）までの75年間を「短い20世紀」と考えます。足して200年となる方がきれいですし，「大衆の国民化」を歴史する起点として1989年の200年前に始まったフランス革命を想起するのが望ましいからです。

	近代化	大衆化	グローバル化
時期区分	長い19世紀 （1789〜1914）	短い20世紀 （1914〜1989）	長い21世紀 （1989年以降）
社会	市民社会	大衆社会	私民社会
公共性	市民的公共性	大衆的公共性	私民的公共性
民意	輿論public opinion	世論popular sentiments	世情collective emotion
基軸メディア	新聞	ラジオ／テレビ	インターネット
帰結	民衆の大衆化	大衆の国民化	国民の流民化

図1 「近代化→大衆化→グローバル化」の概念図

1989年は日本「国民」にとっては、「日本国民統合の象徴」（現行憲法第1条）の昭和天皇（1901年4月29日〜1989年1月7日）が亡くなり「昭和」が終わった年です。この1989年6月1日からNHKは衛星本放送を開始しました。私も天安門事件や「ベルリンの壁」崩壊という歴史的出来事をリアルタイムで視聴しました。グローバル化の到来を実感したのは、まさにこの瞬間でした。

この大衆化の時期区分において、社会としては「大衆社会」、公共性（民意を生み出す社会関係）としては「大衆的公共性」、その公共性から生まれる民意は「世論」、基軸メディアとしては「放送」を対象として論じます。ただし、ここでは「放送」前期（ラジオ時代）に焦点を絞り、その後期（テレビ時代）は語りません[2]。それはラジオ／テレビが1945年の敗戦で戦前／戦後のように断絶しているからではなく、むしろ送り手である放送局も受け手の大衆も連続的だと考えているためです[3]。

なお、グローバル化段階の未来史についても図式化しておきますが、「大衆化」を扱う本書の対象ではないので詳しい説明はしません。大衆社会・大衆的公共性・大衆の国民化の後に、私民社会・私民的公共性・国民の流民化と予想して

いますが, これらはまだ私たちが歴史する対象ではありません[4]。「輿論／世論」について は次章以後で詳しく述べますので, ここではざっと眺めていただくだけで十分です。

　もちろん,「近代化→大衆化→グローバル化」のそれぞれの時期の間がスパッと切れているわけではありません。それは連続的かつ重層的な流れです。近代化が大衆化に「上書き」消去されるのではありません。近代化も大衆化もグローバル化の背景に退いているだけです。実際, 21世紀のいまも「長い19世紀」に創られた制度（たとえば, 戸籍から議会まで）や市民道徳（たとえば, 男らしさ／女らしさ）はなくなっていませんね。またメディア史では, その社会の情報伝達で中核となるメディアを基軸メディアと呼びますが, インターネットが基軸の現在でも市民社会の基軸メディアだった新聞, 大衆社会の基軸メディアだったラジオやテレビも利用されています。また, グローバル化を情報伝達という視点で見るなら, その画期は20世紀末のこととも断定できません。たとえ

※2　戦前のラジオ放送を行った日本放送協会が, 戦後はテレビ放送も行っています。こうしたメディア史的な連続性については, とりあえず佐藤卓己『テレビ的教養——億総博知化への系譜』NTT出版, 2008年を参照ください。

※3　こうした連続説の立場を歴史学では一般に「総力戦体制論」と呼びます。先駆的な著作として, 山之内靖, ヴィクター・コシュマン, 成田龍一編『総力戦と現代化』柏書房, 1995年があり, この理論的枠組みで書かれたメディア通史として佐藤卓己『現代メディア史　新版』岩波書店, 2018年があります。

※4　「私民」は公共的な関心がなく「私」生活の欲望に充足する「脱近代人」の意味で上野千鶴子『増補〈私〉探しゲーム—欲望私民社会論』（原著1987年）ちくま学芸文庫, 1992年などでも使用されています。「国民の流民化」については本書の末尾で少し言及します。「流民」は, ネグリ＝ハートがいうマルチチュード, すなわち国境を越えたグローバルな主権と資本主義の支配下にいる群衆です（アントニオ・ネグリ, マイケル・ハート『マルチチュードー〈帝国〉時代の戦争と民主主義（上・下）』日本放送出版協会, 2005年）。

ば，1866年に実用可能な大西洋横断電信ケーブルが開通しますが，それは明治<ruby>維新<rt>いしん</rt></ruby>（1868年）の2年前，ドイツ帝国成立（1871年）の5年前のことでした。その意味では「情報のグローバル化」は，「大衆の国民化」に先行していたとも言えます。

国民国家と大衆社会

　近代化の時期に生まれた概念の一つに「国民国家」があります。それは，19世紀すでに統一国家となっていたイギリスやフランスと異なり，17世紀から約300の主権を持つ領邦国家が分立していたドイツ語圏で「遅れてきた国民」[※5]が立ち上げた理想型（独：Idealtypus）です。19世紀初頭に精強を誇ったフランス，それと<ruby>対峙<rt>たいじ</rt></ruby>したイギリスという「列強」を目にして，分裂状態にあったドイツ人が思い描いた理論的モデルが国民国家です。よく引用されるのは，「近代歴史学の父」レオポルド・フォン・ランケ（Leopold von Ranke, 1795～1886）の『<ruby>列強論<rt>れっきょうろん</rt></ruby>』（1833年）の次の言葉です。

　　フランスは，その激しい動乱の<ruby>真<rt>ま</rt></ruby>っ<ruby>只中<rt>ただなか</rt></ruby>にあっても，国民の全体感を<ruby>未<rt>いま</rt></ruby>だかつてなかったほど生き生きと保ち，国民の諸力をあのように異常にひろげ，戦争という唯一の目的にむかって緊張させることができたが，まさにそれによって，優位をかち得たのであった。……大きな国々がヨーロッパからの独立をかちとるために立ち上がったのがフランス革命前の百年間の主要な事件であったとすれば，各国の国民精神そのものが若返り，新鮮になり，新しい発展を遂げたことが，革命後に続く時代の出来事である。国家は国民精神を欠いては存立し得ないであろうとの自覚をもって，国民

精神が国家の中に入ってきたのである。[6]

　ドイツでは，ナポレオン戦争で燃え上がったナショナリズム（国民主義）の中からプロイセン王国が台頭し，オーストリアやフランスとの戦争に勝利したことにより1871年にドイツ帝国が誕生しました。プロイセン国王ヴィルヘルム1世（Wilhelm I, 1797〜1888）がドイツ皇帝となりますが，それでも22領邦と3自由市からなる帝国内ではプロテスタントとカトリックの宗教対立，市民と労働者の階級対立など社会的な分断は根深く，国民統合は大きな課題として残っていました。ヒトラーが1920年代になっても「大衆の国民化」の必要性を訴えなければならなかったのはこのためです。

　重要なことは，ドイツの統一戦争（1864〜1871年）と同時期に開国維新の国難に直面していた明治日本も，こうした国民国家の理想型に大きな影響を受けたことです。明治維新後の日本政府は，ランケが重視した「堅固富裕な武装国家の確立」を「富国強兵」のスローガンに翻訳しました。約300の領邦国家に分裂していたドイツの統一が，ほぼ同じ数の諸藩に分立していた江戸幕藩体制の超克と似ているように見えたからでもあるでしょう。ちなみに，日本に近代歴史学を持ち込んだのも，ベルリン大学でランケに学び東京帝国大学史学科講師となったルートヴィヒ・リース（Ludwig Riess, 1861〜1928）です。

　いずれにせよ，後発の国民国家ドイツをモデルとした日本も，同じように19

※5　ヘルムート・プレスナー，松本道介訳『ドイツロマン主義とナチズム―遅れてきた国民』講談社学術文庫，1995年。

※6　レオポルト・フォン・ランケ，村岡哲訳「列強論」『世界の名著47　ランケ』中央公論社，1980年，77〜78頁。原タイトルは*Die großen Mächte*で，戦前から『強国論』（岩波文庫）など複数の翻訳があります。

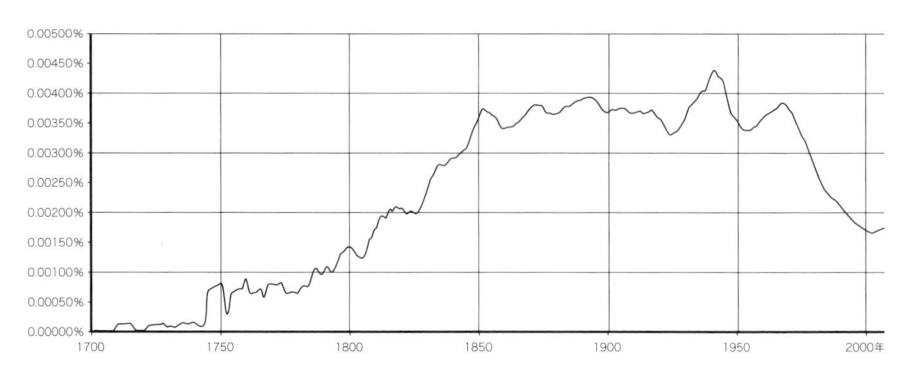

図2　英語文献における「大衆」massesの使用頻度の変動　津田正太郎「大衆なき社会の脅威—大衆とメディアに関する理論の変遷とその背景」より。

世紀後半から「大衆化」という問題に直面していました。国民国家が19世紀の概念であるとすれば，大衆は20世紀の概念と一般に考えられています。確かに，同じような趣味，習慣，意見，活動が住民の圧倒的多数によって共有されている大衆社会（mass society）は20世紀に成立しますが，大衆（masses）という言葉は国民（nation）より早くから頻出した政治用語です。英語文献におけるmassesという言葉の使用頻度を示したグラフがあります（図2）。

市民的公共性の大衆化

　このグラフから，英語圏でも「大衆」が特に注目されたのは19世紀後半から20世紀中葉までと言えそうです。しかし，19世紀においては国民国家と議会政治の先進国イギリスにおいても，大衆はまだ議会政治から締め出されていました。市民社会での参政権は「財産と教養」のあるブルジョア階級の成人男性に限られていたためです[7]。資本主義経済の担い手であるブルジョア階級の公的意見（輿論public opinion）を政治に反映させるシステムである議会制度は，

17世紀後半のイギリスで発展します。この輿論を生み出す社会空間は，公共圏public sphereと呼ばれています[8]。

　公共圏は国家（公権力）と社会（私生活）の分離を前提として両者を媒介する空間であり，公衆の自覚を持った市民は公開の討議によって政治的輿論を形成し国家権力を制御しようとしました。市民階級が最初に公共的な討議の術を習得したのは啓蒙思想が開花したフランスのように宮廷貴族のサロンだったわけですが，「言論の自由市場」である公共圏の成立にとってはイギリスをはじめ各国に広がったコーヒーハウスが決定的な役割を担っていました。貴族を中心とするサロンは「何者であるか」（身分）が大きな権威を持ちますが，コーヒーハウスは「財産と教養」さえあれば，つまり「何をなすか」（能力）しだいで誰にでも開かれていたからです。エドワード・ロイド（Edward Lloyd，1648〜1713）が名誉革命（1688年）頃ロンドンの取引所ちかくで開業したロイズ・コーヒーハウス（図3）は情報交換の場所として発展します。今日もロイズ（Lloyd's of London）は国際的な保険市場として有名です。そうしたコーヒーハウスの読者に向けて発行されたのが，イギリス最初の日刊紙『デイリー・クーラント』（図4）ですし，そこでの討論の中で政党の組織化も進みました。

　しかし，財産も教養もない労働者階級など「大衆」が街頭で政治的主張を叫

---

[7]　議会民主主義の先進国イギリスで労働者階級の男性戸主まで選挙権が拡大されたのは第3次選挙法改正（1884年）です。それより早い1871年にドイツ帝国は男子普通選挙を導入しています。それは「遅れてきた国民」が先行する国民の経験を最大限に活用できる後発優位（Latecomer's Advantage）論としても説明できますし，「大衆の国民化」がより切迫した課題だったためだとも説明できます。

[8]　公共性（圏）の歴史についてはユルゲン・ハーバーマス，細谷貞雄・山田正行訳『公共性の構造転換』（原著1962年）第2版，未来社，1994年の議論が有名です。

図3　開業した頃のコーヒーハウス「ロイズ」を描いたイラスト

図4　イギリス最初の日刊紙『デイリー・クーラント』　1702年3月11日創刊号。

　ぶようになった19世紀後半には，コーヒーハウスは公共圏としての輿論形成機能を失っていきます。増え続けたコーヒーハウスには労働者階層の一部も参入するようになります。公共性とは「万人に開かれていること」を意味するため，大衆の参入も原理においては肯定されるべきものです。しかし，大衆が参入したコーヒーハウスでは，結果的に会話の低俗化，討議の空洞化が生じました。

　「知識」を求める高級新聞の市民読者は閉鎖的なクラブハウスに引きこもり，犯罪「物語」を売り物とする日曜新聞の大衆読者はエールハウスと呼ばれたパブ（public house）に集まります。覚醒作用のあるコーヒーは「理性」の象徴でしたが，エール（ビール）は「喧噪」の象徴です。パブでは理性的に討議する知識人の輿論（public opinion）よりも，文化を娯楽として消費する大衆の世論（popular sentiments）が大きく響きます。こうした大衆世論をいかに政

図5　ドイツ三月革命（1848年）前夜におけるベルリンのコーヒーハウス（上）とシュテッティンの食料暴動（下）　　「輿論」を生み出す市民的公共圏と「世論」を生み出す大衆的公共圏を対比している。

治に組み込むか，それがイギリスのような先行した国民国家でも喫緊（きっきん）の課題となっていたことは19世紀に繰り返された選挙法改正の動きからも明らかです（イギリスで普通選挙が実現するのは1918年，第一次世界大戦末期の第4次選挙法改正です）。

　イギリスで市民的公共性が大衆化を始めた19世紀中葉，明治開国期の日本でも「輿論」の概念が浮上していました。たとえば，最後の将軍，徳川慶喜（とくがわよしのぶ）は1867年，朝廷に対して「広く天下の諸侯を聚（あつ）め，公議を尽（つく）し輿論を採りて国是（こくぜ）を定めんこと」（『徳川慶喜公伝』）を約束しています。輿論を生み出す公議という考え方は，翌年に明治新政府が発表した「五箇条（ごかじょう）の御誓文（ごせいもん）」の第一条「広く会議を興（おこ）し，万機（ばんき）公論に決すべし」にも反映されています。

　もちろん，江戸幕府や明治政府が唱えた公議輿論の政治参加は一般民衆に開かれたものではありません。公家・士族の一部に限られていた藩閥（はんばつ）政治はともかく，それを批判する自由民権運動も多くの場合，参加者は地主など「財産と教養」のある名望家に限られていました。とはいえ，徳川慶喜が公議輿論を唱えた1867年にイギリスで行われた第2次選挙法改正でも，選挙権の拡大は都市部の熟練労働者までに限られていました。その意味で明治期の名望家政治にも，同時代のヨーロッパにあった市民的公共性と大衆的公共性との断層（図5）が同じようにあったと言えます。

　この図5を，私は博士論文『大衆宣伝の神話—マルクスからヒトラーへのメディア史』（原著1992年）の冒頭に掲げました。「いずれが『世論』を形成するのか？」とキャプションを付しています。これが私のメディア史研究の起点となる原風景なのです。

2.「輿論の世論化」。どちらもヨロンと読みますか？

「明治の新語」世論

　ここまで輿論（よろん）という言葉を解説なしで使ってきました。現代日本では多くの人が世論（せろん）をヨロンと発音していますが、これは輿論の「輿」を当用漢字表（1946年11月内閣告示）で制限された新聞社が行った苦肉の対応策です[※1]。

　学校で「世論はヨロンと読みます」、あるいは「ヨロンでもセロンでもかまいません」と教えられた人も多いはずです。しかし、戦前において「輿論」と「世論」は別の言葉として使い分けられていました。第二次世界大戦後の国語国字改革のもと、当用漢字表によって一般に使用できる漢字1850字が指定されると、「輿」は新聞で使えなくなったため「世論と書いてヨロンと読む」便法が定着し、現在ではテレビ局でもアナウンサーに「セロンは放送では使わない発音」と教えています。しかし、「大衆の国民化」の中で生じた「輿論の世論化」を歴史するためには、この区別をはっきりとしておかねばなりません。

　「輿論」と「世論」のちがいを理解するには、明治天皇の二つの詔書を比較するのが最もわかりやすいでしょう。「輿論」は、公議輿論の略語である公論として、明治元年（1868年）に新政府が施政方針を示した「五箇条の御誓文」の第1条「広ク会議ヲ興シ万機**公論**ニ決スヘシ」に登場します。公開討議された意見である輿論（公議輿論）が尊重されるべきだとの主張です。

　「世論」は、明治15年（1882年）発布の「陸海軍軍人に下し賜りたる勅諭」、いわゆる「軍人勅諭」の第1条「軍人は忠節を尽すを本分とすべし」に登場します。

※1　詳しい経緯については、佐藤卓己『輿論と世論―日本的民意の系譜学』新潮選書、2008年、84〜88頁を参照。

抑国家を保護し国権を維持するは兵力に在れば，兵力の消長は是国運の盛衰なることを弁へ，**世論に惑はず**，政治に拘らず，只々一途に己が本分の忠節を守り，義は山嶽よりも重く，死は鴻毛よりも軽しと覚悟せよ。

　ここで世論は左右されてはならない私情として退けられています。公的な輿論と私的な世論が対極のものであることは明らかです。輿論は中国の歴史書である『梁書』武帝紀（629年）などに見られる漢語で，日本でも古くから使用例がありますが，「世論」は明治に登場した新語です[2]。輿論と世論をともに掲載した明治期の代表的な和英辞書の訳語を挙げておきます。

　高橋五郎『漢英対照いろは辞典』（1888年）では，「よろん（輿論）＝public opinion」，「せいろん（世論, よのひとのあげつらひ）＝opinions of the time」。

　エフ・ブリンクリー他編『和英大辞典』（1896年）では，「よろん（輿論）＝public opinion」と「せいろん（世論）＝popular sentiments」。

　やがて世論の読み方は大正期に「せいろん」から「せろん」に変化しますが，語釈では「輿論は公的意見」，「世論は民衆感情」が定着していたことが確認できます。『日本国語大辞典』（小学館）は明治の新語「世論」の初出例として，福沢諭吉『文明論之概略』（1875年）を挙げています。

　唯世に多き者は，智愚の中間に居て世間と相移り罪もなく功もなく互に相雷同して一生を終る者なり。此輩を世間通常の人物と云ふ。所謂**世論**は此輩の間に生ずる議論にて，正に当世の有様を模出し，前代を顧て退くこともなく，後世に向て先見もなく，恰も一処に止て動かざるが如きものな

り。

　ここでも世論とは付和雷同するばかりで討議に応じない大衆の唱える俗論であり，責任ある輿論とはちがったものとされています。福沢は，文明開化の原動力として「人民の交通」，すなわちコミュニケーションの重要性を認識していましたが，その暴走が「社会の騒擾（そうじょう）」をもたらすことも理解していました。そのため，「人民の交通」の促進をはかりながら，同時に混乱状態を制御する必要を痛感していました[3]。だからこそ促進すべき「輿論」とは別に，警戒すべき「世論」を使用したのです。

　当然ながら明治・大正期に活躍した政治家の多くは，こうした使い分けを行っていました。日本史研究者・住友陽文（すみともあきふみ）は，『原敬日記（はらたかし）』で「輿論」が1894年の初出から39回，「世論」が1912年の初出から12回登場することを確認し，その用語法を次のようにまとめています。

　　「輿論」とは政治的正統性の根拠であって，したがって政治を規定すべきものであるが，「世論」はそれ自体が無軌道で，政治を「破壊」しうる可能性のあるものとして「原敬日記」では描かれていたのである。明らかに，「輿論」と「世論」とは異なる意味をもつ言語として政治社会に存在していたのである。[4]

[2]　惣郷正明・飛田良文編『明治のことば辞典』東京堂出版，1986年。ただし，諸橋轍次『大漢和辞典』や白川静『字通』にも「世論」の項目があり，中国の古典で「世間の議論」の用例も確認できますが，近代中国語としては消えた言葉です。

[3]　有山輝雄「福沢諭吉と「人民交通」」『「中立」新聞の形成』世界思想社，2008年。

[4]　住友陽文『皇国日本のデモクラシー―個人創造の思想史』有志舎，2011年，76頁。

図6　1905年の日比谷焼討事件の民衆暴動の様子を描いた報道イラスト　『東京騒擾画報』（1905年）より。

　とはいえ，すでに日露（にちろ）戦争開戦前に大学教授が連名で対露強硬外交と即時開戦を政府に迫った七博士建白（しちはかせけんぱく）事件（1903年）の新聞紙面においても輿論（意見）と世論（感情）が混濁した状況は確認できます[※5]。さらに，1905年のポーツマス講和条約に対する民衆騒擾，いわゆる日比谷焼討（ひびややきうち）事件（1905年）に象徴される街頭政治は，輿論指導のメディアだった新聞紙にも変質をもたらします。

　明治期の新聞は政論中心の「大新聞（おおしんぶん）」と読物中心の「小新聞（こしんぶん）」に分かれており，ちょうど輿論と世論の分立に対応していました。しかし，日露戦争を契機に「中立」を掲げる『大阪朝日新聞』『大阪毎日新聞』が台頭し，輿論の「大新聞」と世論の「小新聞」の識別が難しい「中新聞」主流の時代となります。すでに述べたように，1946年の当用漢字表公布後に「世論と書いてヨロンと読む」と決めたのも，この大阪系の二大全国紙です。毎日新聞社史は，次のように総括しています。

世論という漢字を「せろん」だけでなく,「よろん」とも読むようになった のは1946（昭和21）年暮れ以降,毎日新聞が使用し始めたのが皮切り である。……当時の本社輿論調査部員・宮森喜久二が「輿論」から「世論」 への切り替えを朝日新聞に提唱し,共同歩調をとったことが統一使用の きっかけとなった。[6]

第一次世界大戦と輿論批判

　世界史的に見れば,市民社会から大衆社会への分水嶺は第一次世界大戦です。 それは1914年7月28日オーストリア帝国のセルビア王国に対する宣戦布告に 始まり,五大陸27カ国を巻き込んで1918年11月11日ドイツ帝国の降伏によっ て終わった4年3カ月の総力戦でした。

　この戦争を境に市民社会で期待されていた公衆（読書人）による理性的な輿 論public opinion,あるいは文筆的な意見published opinionへの幻滅が急速に 広まったのです。活字メディアの「近代」から電気メディアの「現代」への転 換点とも目されます。

　それまでキリスト教の宣教,あるいはプロレタリア運動の理論学習の意味で 使われていたプロパガンダpropagandaも,1914年以後は大衆の世論操作を示 す言葉となりました。この大戦では自国民の戦意を高揚させ,敵国民の戦意を 喪失させ,また中立国の協力を取りつけるため,各国の世論動向が決定的に重

※5　宮武実知子「『帝大七博士事件』をめぐる輿論と世論」『マス・コミュニケーション研究』第 70号,2007年。

※6　毎日新聞130年史刊行委員会編『「毎日」の3世紀—新聞が見つめた激流130年　別巻』2002年, 38頁。

図7　ワイマール共和国大統領選挙（1932年3月13日投票）の直前に発行されたナチ党機関紙『観察者画報』（1932年3月12日号）　ヒトラーの肖像を載せた表紙「我々はヒトラーを選ぶ！」（上）と中面（下）。ヒトラーがドイツ国籍を取得したのはこの大統領選挙直前の1932年2月である。中面下の写真は，1914年8月1日ミュンヘンのオデオン広場で宣戦布告に歓喜する群衆の中にいるヒトラーをとらえたもの。偶然撮られた写真だが，ワイマール期ナチ党のプロパガンダでオーストリア生まれのヒトラーが「ドイツ国民」であった証拠として使われた。

要となりました。このとき戦車，毒ガス，潜水艦，飛行機などが戦場に初登場したことはよく知られています。一方で，写真，映画，無線通信など大衆向けのニューメディアも宣伝戦にはなばなしく投入されました。銃後における宣伝効果は，前線での毒ガスの威力にも擬せられました。空中と海底が加わった三次元空間の総力戦は，人々の心理や思想を標的とした四次元空間にも戦線を拡大します。

　マスメディアを利用して複雑な状況を白／黒，善／悪，友／敵に二分して決断をせまるシンボル外交が，「会議は踊る」と評されたように妥協の余地を残して続けられた古典外交に代わって登場します。「民主国家」vs「独裁国家」，「文明」vs「文化」，さらに「自由主義」vs「共産主義」などシンボル言語を対立軸とした大衆向けの思想戦において，敵国との妥協の余地は消滅します。

　太平洋戦争（1941〜1945年）中の日本国内で行われた英語排斥運動はよく知られています。たとえば，1943年には野球用語でストライクが「正球」，ボールが「悪球」，セーフが「安全」，アウトが「無為」に置き換えられたことなど，です。そうした敵性語の駆逐は第一次世界大戦時の英語圏でまず始まりました。アメリカではドイツ語由来のフランクフルトが「ホット・ドッグ」，ハンバーガーが「リバティ・サンドイッチ」と言い換えられました。ドイツ系のイギリス王室も1917年にハノーヴァー朝（あるいはサックス＝ゴーバーグ＝ゴータ朝）の自称をロンドン郊外の王宮名にちなんだウィンザー朝に変えています。

　大衆をシンボル政治に引き込む世論主義（大衆迎合主義）のため，その結果として各国は戦後処理で苦悩することになります。もはやパリ講和会議（1919年）は冷静な妥協点のさぐり合いの場ではなく，大衆の復讐心を満足させる政治ショーの舞台と化しました。その結果，戦勝国のイギリスやフランスはおよ

そ非現実的な多額の賠償金を敗戦国ドイツに要求しますが，戦勝気分に沸く大衆にはなお不満のみが残りました。その帰結がヨーロッパ全域でのファシズム台頭，そして1939年に始まる第二次世界大戦です。戦間期のファシズム現象はイタリアやドイツやスペインなど政権を握った国々に限られたものでなく，イギリスやフランスやアメリカなど世界中で生じていました[7]。

　今日まで続く日本史と世界史の間にある最大の認識ギャップは，第一次世界大戦の経験です。欧州で総力戦が行われた4年間，戦場から遠く離れた日本は急速な近代化を遂げます。軍需物資を含む海外輸出は急増し，造船・鉄鋼・肥料など重化学工業が発展しました。この大戦終了までに日本は英仏露3国に合計7億7063万円の借款（しゃっかん）を供与し，パリ講和会議には五大国の一つとして出席しました。

　一方，ヨーロッパの没落は決定的でした。第一次世界大戦で戦死したイギリス人兵士は第二次世界大戦の3倍ですし，第二次世界大戦最大の激戦地スターリングラード（ソ連）で包囲されたドイツ軍30万人に対し第一次世界大戦のヴェルダン要塞（ようさい）戦（フランス）だけでドイツ軍は43万人以上の死傷者を出しています。日本も1914年8月23日にドイツに宣戦を布告し，同年10月にはドイツ領南洋（なんよう）諸島（マリアナ諸島，マーシャル諸島，カロリン諸島など），同11月には山東半島（さんとう）の青島（チンタオ）にあったドイツの要塞を占領しますが，日本軍の戦病死は約300人でした。ドイツの177万人，フランスの136万人，イギリスの91万人はもとより，アメリカの12万人に比べても桁（けた）ちがいに少ないものです[8]。現在の日本人が「終戦日」を記憶しているのは，太平洋戦争——グローバル化の文脈では第二次世界大戦——です[9]。日清（にっしん）戦争や日露戦争，まして第一次世界大戦の終戦日を覚えている人はほとんどいないでしょう。しかし，ヨーロッパ諸国で戦

没者追悼が行われる終戦日はいまも第一次世界大戦の終戦日11月11日なのです。むろん，それは人的被害の大きさにもよりますが，「長い19世紀」あるいは市民社会との断絶という社会変動の大きさも影響しているはずです。

　こうした欧米の総力戦経験を踏まえて1922年に刊行された著作が，アメリカの政治評論家ウォルター・リップマン（Walter Lippmann, 1889〜1974）の『輿論』であり，ドイツの社会学者フェルディナント・テンニース（Ferdinand Tönnies, 1855〜1936）の『輿論批判』です。いずれも大衆社会の到来を見すえつつ，大衆を戦争に動員したジャーナリズムを厳しく批判しています。それまでは彼ら自身を含めて大半の社会学者がメディアの機能を進歩的と評価していました。その代表的な著作がテンニース『ゲマインシャフトとゲゼルシャフト』（1887年）であり，フランスの社会学者ガブリエル・タルド（Gabriel Tarde, 1843〜1904）の『輿論と群衆』（1901年）です。当時のテンニースは印刷物を介して生まれる読書人の輿論が社会を進歩させると信じていましたし，タルドも感覚的に生きる大衆を合理的に思考する公衆に変える役割を新聞に期待していました。

　しかし，敗戦国ドイツでテンニースが示した転向が典型的ですが，プロパガ

※7　ファシズム運動の国際的な広がりについては，エルンスト・ノルテ，ドイツ現代史研究会訳『ファシズムの時代―ヨーロッパ諸国のファシズム運動　1919-1945（上・下）』福村出版，1972年を参照。

※8　比較のために，第二次世界大戦の一般市民を含む大まかな戦死者数も示しておくと，日本310万人，ドイツ689万人，フランス60万人，イギリス38万人，アメリカ29万人となります。

※9　ただし，降伏文書に調印した国際標準の「終戦日」9月2日でなく，日本人が国内向け玉音放送のあった8月15日だけを記憶していることの問題点については，佐藤卓己『増補・八月十五日の神話―終戦記念日のメディア学』ちくま学芸文庫，2014年を参照。

ンダに翻弄された戦時ジャーナリズムを目にして，輿論を指導する新聞の役割に対する知識人の信頼は大きく揺らぎました。市民社会で理想化された輿論は，大衆社会の現実的な世論によって否定されたと言ってもよいでしょう。

日本政治の大衆化と世論化

こうした輿論を生み出す社会関係（公共性）への悲観論は，第一次世界大戦期の日本ではまだ広がっていません。むしろ新たにデモクラシーの訳語として「輿論主義」が登場します。第一次世界大戦中のデモクラシーの訳語としては吉野作造（1878〜1933）の民本主義（「憲政の本義を説いて其有終の美を済すの途を論ず」『中央公論』1916年1月号）が有名ですが，尾崎行雄（1858〜1954）は1918年1月22日の衆議院演説で「輿論主義」を唱えます。尾崎は第1回帝国議会（1890年）から連続当選を続けて「憲政の神様」と呼ばれた政治家です。

> 今や世界には画然たる二大潮流がある，一は輿論民意を主として政治をして行かうと云ふ潮流である。欧羅巴の政治家は之を民主主義と云ふて居る，吾々は輿論主義若くは公論主義と云ふのである，それに反する者は武断武力を恃みにして，武断専制で行かうと云ふ主義である。

日本が民主主義陣営で専制的なドイツと交戦しているにもかかわらず，当時の寺内正毅内閣は専制的だと，尾崎は政府を厳しく批判しています。もちろん，この輿論主義は，世論に迎合するポピュリズムとはちがいます。しかし，輿論主義という訳語はこの後しだいに忘却されていきます。その背景に大衆社会を前

提とした第一次「戦後」の大正デモクラシーの現実があったからでしょう。

　実際，尾崎の「輿論主義」演説の半年後，1918年7月に勃発した米騒動（シベリア出兵を前に急騰した米価に反発して発生した民衆暴動）は，街頭の大衆が政治を動かす「世論政治」時代への画期となります。米騒動の世論は寺内内閣の退陣を求め，9月29日に立憲政友会総裁の原敬（1856〜1921）を首相とする初の本格的な政党内閣が成立しました。爵位を持たない原首相の登場は，「平民宰相」と呼ばれて世論に熱烈に支持されました。

　こうした大衆の政治参加を「大正デモクラシー」と呼ぶわけですが，その契機となった米騒動は新聞の性格を大きく変える事件を引き起こします。いわゆる「白虹事件」です。

　1918年8月25日付『大阪朝日新聞』夕刊は，米騒動の記事を差し止めた政府を弾劾する関西記者大会の模様を報じました。この記事中「白虹日を貫けり」（君主に対して兵乱が起こる天象を示す中国古典『戦国策』の故事）の記述があることを理由に，政府は『大阪朝日新聞』を新聞紙法違反で告発します。発行禁止による経済的損害を恐れた朝日新聞社は，編集幹部を引責辞任させ，同年12月1日に「近年已に不偏不党の宗旨を忘れて偏頗の傾向」があったとの反省文を社告として掲載しました。この事件は巨大企業に成長した新聞社が存立をかけて国家権力と闘うことの困難さを物語っています。

　ここに朝日新聞社の編集綱領として「不偏不党」が明文化されますが，この中立主義は主義主張を問わず読者層の拡大をめざす点において，大阪毎日新聞社主・本山彦一（1853〜1932）の「新聞商品主義」と表裏一体とも言えるものです。大衆読者に好まれるのは，輿論を指導する新聞よりも自分たちの世論を反映してくれる新聞の方です。さらに言えば，指導であれば責任が新聞に問

われますが，反映だけなら大衆に責任を押しつけることもできますね。

　実は，現代的な意味での「大衆」という言葉も第一次世界大戦後に登場しました。おおぜいの僧侶を意味する漢語「大衆（だいしゅ）」は古くから存在しましたが，英語 masses の訳語として政治的に使用し始めたのは自称「国家社会主義者」の高畠素之（1886〜1928）です。高畠本人が「大衆主義と資本主義」（『中央公論』1928年4月号）でこう述べています。

　　　七八年前［1920年］，斯くいふ筆者などが『大衆運動』といふ週刊新聞を発行し，陋屋を名附けて『大衆社』と呼んでゐた頃は，それがハシリだつたせいもあらうが，恐ろしくギゴチないものに印象されてゐた。ところが，どうした風の吹きまわしか，急に震災前後から流行的に濫用され出し，大衆文芸や大衆興行などはまだしも，汁粉屋の廉売に『大衆デー』を敢て命名する時勢となつてしまつた。かうと知つたら，逸早く『大衆一』の特許権でも出願して置いたものを，今となつては後の祭りで何んとも致し方がない。などと，これは戯談だが，それほど『大衆』は時代の寵児となり，硬軟両面から珍重がられてゐる。

　この論文を高畠は「大衆主義と資本主義とは楯の両面である」と結びますが，白虹事件以後の「不偏不党」と「新聞商品主義」を痛烈かつ正当に批判しています。

　　　新聞紙は大量生産を最も必要とする企業だが，それだけに，大衆への媚態を最も露骨に発揮しなければならなかつた。昔ながらに社会の木鐸［世

間を教え導くもの──『論語』八佾より〕らしく見せかけ，大衆の心理を巧（たくみ）に捕へて商売の実益を忘れぬところ，さすがに巧言令色の張本（ちょうほん）たる資格はある。新聞の論調を見よ。揃（そろ）ひも揃つてデモクラ的であり，強権への反抗を能事（のうじ）としてゐる。……斯（か）くすることに依つて無産者の味方なるかに装ひ，以（も）つて大衆顧客の贔屓（ひいき）を贏（か）ち得んとする有意無意（ゆういむい）の打算と解すべき部分が多い。

　こうして大正デモクラシーの中で使われ始めた「大衆」ですが，そこには生産活動と結びつく「労働者」と異なって，消費行動を連想させる民衆，すなわち「消費者」のイメージが最初から映り込んでいたわけです。

3. 情報社会もメディア社会も総力戦から生まれたもの？

「情報」は軍用語，「メディア」は広告業界用語

　第一次世界大戦は近代史と現代史の画期とされますが，私たちが毎日目にしている「情報」「メディア」「放送」という言葉も，この戦争の中で今日的な意味を獲得していきました。そのプロセスを見ておきましょう。

　前章で見たように，大衆社会の「大衆」は大正の新語ですが，情報社会の「情報」は明治の和製漢語です。「情報」は陸軍省で酒井忠恕（1850〜1897）が訳出した『仏国歩兵陣中要務実地演習軌典』（内外兵事新聞局，1876年）にフランス語renseignement（敵情報告）の訳語として登場します。軍事用語としての定着は，森林太郎（鷗外，1862〜1922）が翻訳したクラウゼヴィッツ『大戦学理』（軍事教育会，1903年）でも確認できます。鷗外の訳によれば「情報（ドイツ語Nachricht）とは，敵と敵国とに関する我智識の全体を謂ふ」とされており，情報は広義な軍事情報を意味する英語のintelligenceに対応していました。明治期の英和辞典ではinformationには「消息，知識」が当てられており，「情報」は斎藤秀三郎『熟語本位英和中辞典』（1915年）にintelligenceの訳語として登場し，informationの訳語としては藤岡勝二『大英和辞典』（1921年）が初出です。この二つの辞書が第一次世界大戦期に編纂されたことは，注目すべきです。

　正確に言えば，情報がinformation（知識）の訳語となったのは，イギリスで戦時宣伝を統括するMinistry of Informationが設立された1917年のことです。日本の外務省はあえて「知識省」と直訳せず「情報省」と意訳しました。その役割を軍事的なものと理解していたためです。こうして第一次世界大戦のイギリス「情報省」で軍事用語となったinformationの訳語としても「情報」は日本社会に定着しました。この軍用漢語「情報」は中国にも輸出されます。

総力戦が要請した知識（information）の軍事化は，同時期に進んだ新聞の大衆化，輿論の世論化とも並行して進みました。その意味では今日の情報社会も第一次世界大戦に起源すると言ってよいでしょう。information society（情報社会）という国際化した和製英語[※1]は，第二次世界戦時中は増田米治名義で『支那戦争経済の研究』（ダイヤモンド社，1944年）を執筆した労働省の官僚・増田米二（1909〜1995）によって1960年代に提唱されました。information societyという用語が戦後日本で創られたのも，総力戦の戦争経済において「知識の軍事化」を経験した上で軍事用語「情報」の民需転換に成功した結果というべきかもしれません。

　さて，日本でinformationが「情報」と訳された第一次世界大戦中に，アメリカでは広告媒体を意味する「メディア」が使われ始めました。それはこの戦争が空前の大量消費活動であったという現実と不可分です。開戦直後の1914年9月，マルヌ会戦においてドイツ・フランス双方が1週間で消費した弾薬量は，わずか10年前に日露戦争で日本とロシアが1年半をかけて使用した量に匹敵しました。こうした消耗戦に対して1917年まで3年近く中立を保ち，ヨーロッパ向けの軍需品を大量生産して「世界の工場」に伸し上がったのがアメリカです。

　1917年4月6日にアメリカ大統領ウッドロー・ウィルソン（Thomas Woodrow Wilson, 1856〜1924）はドイツに対して宣戦布告し，「戦争をなくすための戦争」のスローガンのもと，新聞編集者ジョージ・クリール（George Creel, 1876〜1953）を委員長とする「公報委員会」Committee on Public Informationを設置しました。国務長官，陸軍長官，海軍長官も参加した通称「クリール委員会」は絶大な権限を持っており，全米にドイツ軍国主義批判（図8）や志願兵募集（図9）のための戦争ポスターを貼り巡らして，反ドイツ講演会

図8 「この狂った野獣を破壊しろ。米陸軍に入隊を」（1917年）　Militarism（軍国主義）と書かれたヘルメット，ドイツ語でKultur（文化）と書かれた棍棒を持ったゴリラ（ドイツ軍）が半裸の女性を強奪してアメリカに迫る様子を描いた戦時ポスター。

図9 「アメリカ陸軍に君が必要だ」（1917年）アメリカのシンボル「アンクル・サム」がアメリカ陸軍への志願を募っている。ジェームズ・M・フラッグ（James Montgomery Flagg, 1877～1960）はこの作品で一躍人気イラストレーターとなった。

を連日開催しました。また，ドイツ系住民や戦争反対者の動静を隣人に監視させる密告システムも組織されました。

　ウィルソン大統領は流言蜚語を禁じる「防諜法」Espionage Act（1917年），反軍発言を罰する「煽動防止法」Sedition Act（1918年）を制定して反戦言論を徹底的に抑圧します。この法律で2000人以上が起訴され，学校図書館からは「ドイツ的」な書籍が排除されました。ネブラスカ州ではドイツ書籍の焚書

※1　増田米二『原典情報社会―機会開発者の時代へ』ティビーエス・ブリタニカ，1985年（原著 The Information Society as Post-Industrial Society, 1980）を参照。

が行われ，ピッツバーグではベートーヴェンの演奏も禁止されました。1917年に憲法修正第18条，いわゆる「禁酒法」Prohibition Law（1920〜1933年）が議会を通過した背景には，ビール会社を中心にドイツ系の名前を持つ醸造会社への悪感情が存在していました。禁酒法案と同時に識字能力を入国資格とする読み書きテスト法案も可決されます。「100％のアメリカニズム」がヒステリックに叫ばれて，移民の同化政策も強化されました。クリール委員会は工場で労働者が「アメリカ化」の授業を受けることを奨励し，それでも英語習得が進まない移民は昇進の機会を奪われました。

　こうしたアメリカでの「大衆の国民化」は，戦後さらに新たな標的を求めて加速されました。ロシア革命に対してイギリス，フランス，日本と共同で反革命勢力を支援すべくシベリアに出兵した対ソ干渉戦争（1918〜1920年），さらにアジア系移民を禁止する「排日移民法」Immigration Act of 1924にまで及びます。大戦中からクリール委員会はロシアで社会主義革命をおし進めたボルシェヴィキ指導者をドイツ軍の手先と決めつけていましたが，戦後はアメリカ全土で「レッド・スケア」と呼ばれる共産主義者排斥運動が巻き起こります。社会主義革命を阻止するためには，急進派に対する人権 蹂 躙 も必要悪と見なされました。「自由の国」アメリカのこうした不寛容なナショナリズムと，ナチ・ドイツや戦前日本の「ウルトラ・ナショナリズム」の間に，私たちは明確な境界線を引くことが本当にできるでしょうか。

マスメディアは大衆向け広告（宣伝）媒体

　戦後，ジョージ・クリールは『アメリカの広告方法』（*How We Advertised America*，1920年）と題した回想録で，講演，活字に加えて電信，映画まで総

動員したプロパガンダ活動を「広告における世界最大の冒険」と自画自賛しています。それまで商業的に利用されていた広告宣伝技術が戦債募集のポスターなどに応用され，クリールはアメリカ国民に戦争を見事に「売りつけた」と自慢します。ちなみにアメリカ広告代理店協会が設立されたのは，アメリカ参戦の1917年のことです。同時にメディア（mediumの複数形media）が広告業界で広告媒体を示す言葉として使われるようになってゆきました。

　今日では本書の副題にある「メディア史」は情報媒体に関する歴史として広く理解されています。しかし，私が大学生だった1980年代初頭なら，メディア史で連想するのは古代イランのメディア王国だったかもしれません。ジャーナリズム史やマスコミュニケーション史ではない，「メディア史」の研究分野が確立したのは1990年代以降，グローバル化の時代です。

　「メディア」は，英語では中世から「巫女・霊媒」など主に宗教的な意味で使われていましたが，今日的なメディアの用例の初出として『オックスフォード英語辞典』が挙げているのは，1923年アメリカの広告業界誌『広告と販売』（Advertising & Selling）に登場した単数形のマスミディウムmass mediumです。

　史上初の総力戦において，アメリカ広告業界は戦争プロパガンダの大量受注により飛躍的な発展を遂げました。消費社会になり始めたアメリカで，メディアはまず新聞・雑誌・ラジオの三つの広告媒体を指す業界用語となります。いまでも就職希望アンケートで「メディア」と答える大学生の多くが脳裏に浮かべる企業は，新聞社や雑誌社や放送局です。それは日本社会では1970年代までメディアが主に広告業界用語だったことの名残りです。もし「メディア」に初めから情報媒体という意味があれば，郵便や宅配，印刷や製本，電話や通信，半

導体やSNSなど他の情報関連企業がイメージされてもよいはずです。

　日本社会が本格的な消費社会へと突入した1980年代以降，日本語でもメディアは日常的に使われますが，それはヨーロッパでも同様です。ドイツのメディア史家ヨッヘン・ヘーリッシュも次のように書いています。

　　　英独仏語の辞書を「メーディウム／メディア」という見出し語で調べると，戦後期のものでもまだ，たとえば英国の糸の質，ギリシャ語動詞の能動と受動の間をなす中間態，四大元素，霊媒という語義は見つかるのに，書物，新聞，写真，映画，テレビ，つまりマスメディアという語義は見つからない。[※2]

　つまり，本書が扱う1945年以前の「大衆の国民化」時代，戦前のイギリスでもドイツでも日本でも「メディア」というアメリカ語が一般に使われていなかったことは十分に意識しておく必要がありますね。

ラジオは解放のメディアだった

　1920年代のアメリカで新聞・雑誌・ラジオ放送を意味した集合名詞「マスメディア」の中で特にニューメディアとして注目されたのがラジオ放送です。

　ラジオ放送の技術基盤である無線通信は1895年マルコーニ（Guglielmo Marconi, 1874〜1937）の発明以後，日本ではもっぱら船舶通信として活用されていました。「放送」という言葉が初めて公文書に現れたのも，第一次世界大戦中の1917年1月にインド洋を航行していた三島丸（日本郵船）の報告書です。「ドイツの仮装 巡 洋艦に警戒せよ」との発信所不明の「送りっ放し電波」

が傍受され，「放送を受信」と記載されました。戦後の1919年に逓信省（郵便や通信事業を管轄していた官庁）はbroadcastの訳語として「放送」を採用することを決定します。

第一次世界大戦で，いち早くラジオ放送に注目したのはドイツです。開戦直後にイギリス海軍によって独米海底ケーブルを切断され，国際情報戦において圧倒的に不利な立場に追い込まれました。そのため1915年から「トランスオツィアン（大洋横断）通信社」により，毎日ドイツ語，英語，スペイン語のニュースが中立国の大使館や通信社に向けて発信されました。しかし，この段階では世界の海底ケーブルを支配するイギリスの情報覇権に太刀打ちできず，ドイツの無線局は主にUボート（潜水艦）戦の作戦基地として使われました。

情報の出入りがイギリスに握られていた点では，ドイツより日本の方が深刻だったかもしれません。たとえば，1905年の日露戦争の講和会議はアメリカ東海岸のポーツマスで開催されましたが，講和成立の第一報は太平洋を越えて東京に届いたのではありません。まず大西洋横断ケーブルでイギリスへ届けられ，さらに南回りで上海から長崎に中継され，ようやく東京に到達しています。こうしたイギリスの海底電線による情報覇権を打破して通信自主権を得ることが国民国家の目標であるなら，第一次世界大戦後におけるラジオ放送の実用化は日本にとって1911年の関税自主権回復に続く，情報主権回復のチャンスと見なされました。

1917年4月7日，すなわちアメリカが対独宣戦を行った翌日，ウィルソン大統領は全米の無線局を統制下に置きました。また，軍用無線機を量産するため，当

※2　ヨッヘン・ヘーリッシュ，川島建太郎他訳『メディアの歴史―ビッグバンからインターネットまで』法政大学出版局，2017年，67頁。

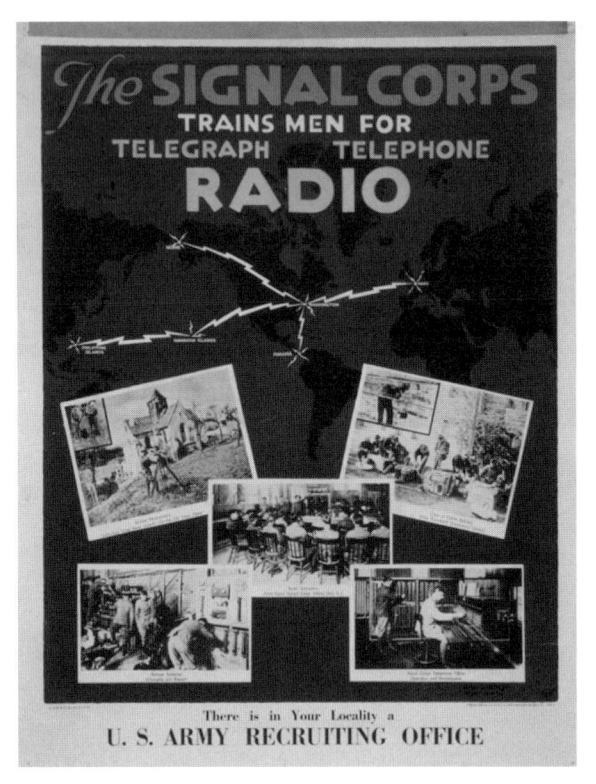

図10 「通信部隊は，電信，電話，ラジオの訓練を行います」（1919年）
アメリカ陸軍募集事務所の通信兵募集ポスター。

時海軍次官補だったフランクリン・D・ローズヴェルト（Franklin Delano Roosevelt, 1882〜1945）によって複雑に入り組んだ技術特許は統括され，戦後の1919年10月にその独占権を持つアメリカ・ラジオ会社RCAが設立されます。RCA設立後にラジオ無線が自由化されると，全米各地で複数のラジオ放送が始まりました。教育機関，新聞社から自治体，宗教団体まで多様な事業者によって1923年までに576局が設立されますが，その担当者には欧州戦線から帰還した通信兵（図10）が多くいました。

ですから，世界最初のラジオ局が，通常言われているように1920年11月2日開局のペンシルヴァニア州ピッツバーグのKDKA局であると認めることはできません。しかしアメリカの民間放送が歩んだ歴史を考えると，KDKA局が最初であるとするこの通説の意義は小さくありません。KDKA局はラジオ受信機の製造元ウェスティングハウス社の広告費で運営されていました。同社は，大戦終結により激減した受信機の軍需に代わる新たな民需の掘り起こしをはかっていました。ラジオ放送の速報性を印象づけるため，KDKA局はアメリカ大統領選挙の開票日に合わせて開局されました。この選挙では「常態への復帰」を唱えたウォレン・ハーディング（Warren Gamaliel Harding, 1865〜1923）が大統領に当選しています。

　この意味で，ラジオ放送は戦時から平時へ，メディアの軍民転換の象徴と見なされました。それは受信機の仕様にも反映しています。当初は各人がイヤーフォンで聴取する鉱石受信機（図11）が一般的でしたが，やがてリビングルームに置かれ家族で楽しめるラウド・スピーカー付き受信機が人気となります。元通信兵など男性技術者をイメージさせた情報機器は，「ながら聴取」を可能にして女性や子供も巻き込む家庭用の娯楽装置に発展しました。メディア論としては，ラジオ放送が音声のみを伝達し，視覚を要求しないことが重要です。真空管ラジオでの番組聴取は別の活動と両立できるので，主婦が家事をしながら聴くことができました。

　また，ラジオ放送以前のマスメディア，たとえば新聞や雑誌での情報伝達は物理的移動（交通）と不可分なものでした。新聞も雑誌も鉄道や自動車で運ばれ，読者がコーヒーハウス，あるいはキオスクや書店に足を運ぶことで手にすることができました。しかし，ラジオ放送は聴取者が自宅に居ながらにして情報を

図11　1920年代の鉱石受信機でラジオ放送番組を聴くアメリカ家庭を描いたイラスト
1922年のRadio World誌に掲載された広告の一部。

取得できます。これ以後，情報伝達は物理的場所とは切り離されることになります。それは社会に大きな衝撃を与えることになります。

　それまで学校や教会や労働組合など社会と個人の間にある中間集団に属さなければ得られなかった教養や信仰や職業に関する情報が，ラジオ放送を聞くことで取得できるようになったからです。こうして情報アクセスと組織参加の伝統的結合が解体されたため，人々の中間集団への帰属意識は薄まりました。

　もちろん「財産と教養」という壁で隔てられていた市民的公共性は，ラジオ放送によって決定的に変化します。そこにあるのは「国籍と国語」だけを入場条件とする国民的公共性だということもできるでしょう。

　それまで「財産と教養」の入場条件で市民的公共性への参入を認められなかった女性や労働者にとって，ラジオ放送の国民的公共性がどれほど解放的な魅力を持っていたか，それを想像することは今日では難しいかもしれません。しか

も，この国民的公共性は選挙権のある大人だけでなく子供にも開かれていました。児童書，子供新聞，学年別の学習雑誌があるように，活字メディアは教育段階に応じて情報アクセスを序列化しています。これに対して，文字の読解を必要としないラジオでは，子供から大人への社会化の段階が平準化されます。ラジオから流れる政治ニュースは知識も教養も持たない子供の耳にまで届くからです。こうしてラジオ放送で政治化，国民化した青少年や女性にとって，成人男性を中心とした既成組織（学校・教会・政党・組合など）の利害を調整する市民的公共性はとても満足できる合意形成のシステムには見えません。それは当然のことですね。

　時あたかも，総力戦後の交戦各国では女性参政権が次々と認められていました。イギリスでは1918年第4次選挙法改正，ドイツでは1919年憲法制定国民議会選挙，アメリカでは1920年憲法修正第19条です。しかしながら，第一次世界大戦で国民総動員を経験していない日本で，こうした「女性の国民化」が遂行されるのは次の世界大戦を待つことになります。その戦後，1945年にようやく日本でも女性参政権が認められました。

4. 初めて国民文化を具現したのはラジオ文明?

関東大震災で液状化した輿論

　1918年11月に終わった第一次世界大戦では大きな「戦災」を経験しなかった日本社会にとって，大衆化の転機となったのは1923年の9月1日（現在は「防災の日」）に起こった「天災」関東大震災です。それは東京市街を消失させ約10万5000人の死者・行方不明者を出した，日本史上の特筆すべき大災害です。

　1918年の白虹事件以降，ますます「大衆主義と資本主義」を強化していた新聞紙面において輿論と世論の境界は曖昧になっていきました。大震災を挟んで書かれた芥川竜之介（1892～1927）の文章中で輿論の意味がどう変化したかを見ておきましょう（芥川作品中に「世論」はなく，「輿論」が登場するのは以下の二つだけです）。

　まず震災前に書かれた寓話「猿蟹合戦」（『婦人公論』1923年3月号）です。民話「さるかに合戦」の後日談というパロディー作品です。仇討ちを果たした蟹はその罪を問われて死刑に処せられます。

　　　　新聞雑誌の**輿論**も，蟹に同情を寄せたものは殆ど一つもなかつたやうである。蟹の猿を殺したのは私憤の結果に外ならない。しかもその私憤たるや，己の無知と軽卒とから猿に利益を占められたのを忌々しがつただけではないか？

　ここで輿論は私憤を抑える公論の意味，つまり理性的な多数意見として使用されています。しかし，関東大震災時の流言蜚語による朝鮮人虐殺事件などを経験した後に書かれた「侏儒の言葉」（『文藝春秋』1924年4月号）において，芥川は輿論を私憤の集合形態と見なしています。今日のメディア報道被害を想

起させる警句（アフォリズム）です。

　　輿論は常に私刑であり，私刑は又<ruby>又<rt>また</rt></ruby>常に娯楽である。たとひピストルを用
　ふる代りに新聞の記事を用ひたとしても。又，輿論の存在に<ruby>価<rt>あたい</rt></ruby>する理由は
　<ruby>唯<rt>ただ</rt></ruby>輿論を蹂躙する興味を与へることばかりである。

　もちろん，輿論をリンチと重ねる警句のインパクトは輿論と世論を無意識に
混同している今日よりも，芥川が意図的に混同させた当時において強かったで
しょう。この警句に震災時の「朝鮮人来襲」流言とそれが引き起こした虐殺事
件を読み取る読者も少なくなかったはずです。朝鮮半島では1910年の「<ruby>日韓併<rt>にっかんへい</rt></ruby>
<ruby>合<rt>ごう</rt></ruby>」以後も抗日武装闘争が続いており，1919年に発生した三・一独立運動の記
憶もまだ鮮明でした。朝鮮半島での危機報道に接していた大衆が脅威を感じ，
震災時に自警団を組織して首都圏にいた朝鮮人を虐殺しました。芥川はその雰
囲気を「世論化する輿論」として戯画化してみせたと見るべきです。と言うのも，
芥川自身が大震災時に自警団に加わっており，このリンチに加わった「善良な
る市民」を「<ruby>大震雑記<rt>だいしんざっき</rt></ruby>」（『中央公論』1923年10月号）で次のように描いてい
るからです。

　　再び僕の所見によれば，**善良なる市民**と云ふものはボルシエヴイツキと
　〇〇〇〇［<ruby>不逞<rt>ふてい</rt></ruby>鮮人］との陰謀の存在を信ずるものである。もし万一信じ
　られぬ場合は，少くとも信じてゐるらしい顔つきを<ruby>装<rt>よそお</rt></ruby>はねばならぬもので
　ある。

皆さんもオリンピックやワールドカップで自国チームを応援することが国民意識（ナショナリズム）を高めることは実感したことがあると思います。同じように外敵を想定する陰謀論にも，個人が地域共同体や中間集団から切り離された大衆社会で凝集性を高める機能があります。共通のデマ情報に耳を傾けることも，集団への参加意志を示すことになります。そして，自ら参加した集団であれば，その場の空気を無視して自由に意見を述べることはなかなかできるものではありませんね。

　そう考えると，パニックになった「善良なる市民」が流言蜚語にとびついて朝鮮人虐殺に走ったという解釈では説得力がありません。むしろ，自発的に自警団を組織した大衆が主体的に活動した結果と考える方が合理的です。その視点からは朝鮮人を保護しようとした巡査を襲撃した自警団の行動さえも「自治精神の芽生え」として評価できると政治史家・尾原宏之は論じています。

　　　地方参政権すら持っていない下層民が，完全に誤認とはいえ「敵」と戦い，日頃自分たちを抑圧しておきながらこの期に及んで「敵」を保護する警察権力を粉砕したのは，いかに愚かな行為であれ政治参加の一種だった。虐殺事件は，その意味で「自治精神の芽生え」の持つ巨大な熱量の仕業でもある。だから，人情や相互扶助と完全に無関係なものではない。[1]

　実際，1913年の憲政擁護運動や1918年の米騒動で街頭を埋めた「進歩的」

※1　尾原宏之『大正大震災―忘却された断層』白水社，2012年，131〜132頁。関東大震災と流言については，佐藤卓己『流言のメディア史』岩波新書，2019年の第2章「活字的理性の限界―関東大震災と災害デモクラシー」も参照。

民衆と，1923年の大震災後に朝鮮人を虐殺した「反動的」民衆はまったく異な
る人々ではありません。一方を国家権力に抵抗する階級的前衛として，他方を
国家権力に騙された被害者として描く民衆史観には大きな問題があります。そ
れは本書冒頭で触れたナチズムを「**国民**社会主義」ではなく「**国家**社会主義」
と意訳する責任回避のメンタリティと同じです。この点を軽視して進歩的か反
動的かの白黒図式で描かれた大正デモクラシーの民衆運動史は大いに批判され
るべきでしょう。大正デモクラシーを欲した民衆は，数年後には昭和ファシズ
ムを歓迎した民衆なのですから。「権力に対抗する民衆と朝鮮人を虐殺する民
衆とを歴史叙述の上で分裂させていては，リアリティのある歴史像・民衆像を
描くことはできない」[※2]という歴史家・藤野裕子の指摘は肝に銘じて忘れては
いけません。

国民化メディアとしてのラジオ放送

　日本で1925年にラジオ放送が始まったことも関東大震災と関係があります。
震災時に起こった流言蜚語による社会的混乱の反省から，「正しい情報」を迅
速に伝えるラジオ放送というニューメディアへの期待は高まりました。そのた
め無線電信法（1915年）に基づく「放送用私設無線電話規則」は，大震災のわ
ずか3カ月後に公布されています。

　普通選挙法が成立する4日前，1925年の3月22日（現在は放送記念日），東京
放送局は東京芝浦の仮放送所でラジオ放送を開始しました。関東大震災からま
だ2年たらずであり，当日の受信許可数は3500世帯でした。開局の挨拶をした
東京放送局総裁・後藤新平（1857〜1929）は，放送の使命を「文化の機会均等」
「家庭生活の革新」「教育の社会化」「経済機能の敏活」と表現しています。そこ

に本来は加えられるべき「ニュースの速報」が欠落していた理由は，放送事業に当初は資本参加していた新聞社が競合するニューメディアの卓越した機能を警戒したためです。

　翌1926年8月，東京，大阪，名古屋（なごや）の3局は合併され社団法人・日本放送協会（現在の特殊法人も同じ名称ですが，略称NHKは戦後の表記です）が誕生しますが，ニュース提供は各新聞社から提供されており，それは1930年に日本新聞聯合社（れんごう）（聯合）と日本電報通信社（電通）の2通信社と契約が結ばれるまで続きます。

　1928年に札幌（さっぽろ），熊本，仙台（せんだい），広島に新局が設立され，同年11月昭和天皇即位の大礼（たいれい）の実況放送を契機に全国中継システムも構築されます。この御大典記念（ごたいてん）事業として開始された番組が現在も続く「ラジオ体操」ですが，こうしたラジオ放送の画期性とは何よりもそれが「あまねく日本全国において受信できる」（現行の放送法における表現）メディアだったことです。

　もっとも，日本放送協会のラジオ放送が名実ともに「全国メディア」へ発展するのは，1931年9月18日夜に始まった満州事変（まんしゅうじへん）でその速報力が示されて以降のことです（図12）。最初の「臨時ニュース」は翌9月19日午前6時30分，ラジオ体操の時間に割り込んだ事変勃発の速報でした。受信契約数は1932年に100万を突破し，1935年には200万を超えます。ただし，同年の全国普及率15.5％と東京の47.8％を比較すれば明らかなように，ラジオ放送はなお圧倒的に都会中心の高級メディアでした。

　それではラジオ受信契約数が100万の大台に達する以前，つまり1920年代に

※2　藤野裕子『都市と暴動の民衆史―東京・1905-1923年』有志舎，2015年，271頁。

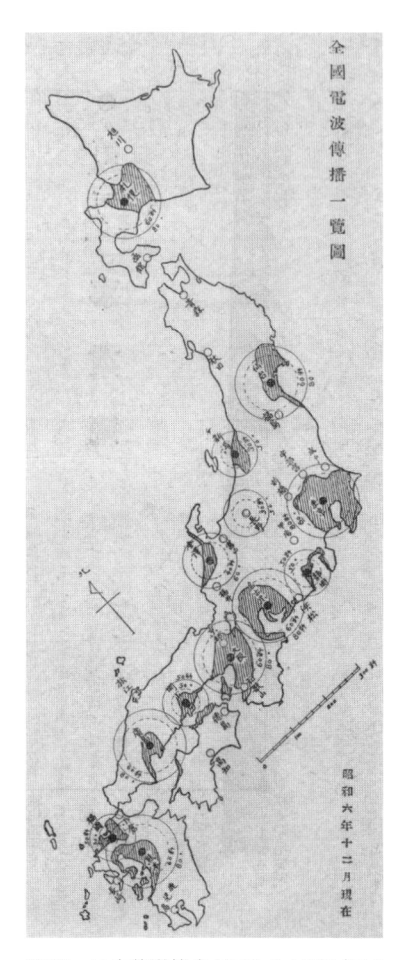

図12　日本放送協会が示した1931年12月時点での鉱石ラジオによる放送聴取可能範囲　大都市圏を除けば，まだ多くが聴取困難だったことがわかる。『昭和七年ラヂオ年鑑』より。

図13　「全国メディア」を主張するドイツの国民受信機ポスター　「ドイツ全土が総統の声を，国民受信機によって，聴いている。」1933年1月30日にヒトラー政権が成立する。ナチ宣伝省はチャンネル固定の廉価版受信機を「国民受信機301」Volksempfänger 301として売り出した（301は政権樹立の1月30日を示す）。国民受信機の後に続くのが，国民車Volkswagen（フォルクスワーゲン）である。

全国メディアは存在していたでしょうか。少なくとも大正時代（1912〜26年）に実質的な「全国紙」は存在しませんでした。ラジオ放送開始の1年前，『大阪毎日新聞』と『大阪朝日新聞』は1924年元旦号で100万部発行達成を宣言しています。しかし，その購読者は地域的にも階層的にも限定されていました。また，1924年に正力松太郎（しょうりきまつたろう）（1885〜1969）が買収した『讀賣新聞（よみうり）』も，いち早く「ラヂオ欄」を導入して部数を拡大しますが，購読者は首都圏に限られていました。むしろ，距離感を抱かせないラジオ放送の登場によって，初めて「全国紙」や「国民雑誌」など全国的nationwideメディアのイメージが具体化したというべきでしょう。

国民大衆雑誌『キング』のラジオ的機能

　日本文化史では出版界の主流を「明治の博文館（はくぶんかん）・大正の実業之日本社（じつぎょうのにほんしゃ）・昭和の講談社（こうだんしゃ）」として描くのが一般的です。博文館は『太陽』（1895〜1928年），実業之日本社は『実業之日本』（1897〜2000年），講談社は『キング』（1925〜1957年）と，いずれも人気ある旗艦誌（きかんし）を擁する雑誌出版社でした。令和の現在も日本最大の出版社である講談社の地歩は，ラジオ放送を見すえて1925年に創刊された国民大衆雑誌『キング』の成功によって固められました。

　講談社の歴史は，1909年11月に東京帝国大学（現在の東京大学）書記であった野間清治（のませいじ）（1878〜1938）が自宅に「大日本雄弁会（ゆうべんかい）」の看板を掲げたことに始まります。大日本雄弁会が翌1910年2月11日（紀元節。現在の建国記念の日）に創刊した『雄弁』には，東京帝国大学法科大学緑会（みどりかい）弁論部の演説会速記録が掲載されました。当時の演説ブームの中で『雄弁』は大成功し，その勢いに乗じて野間は1911年11月3日（明治の天長節（てんちょう）。現在は文化の日）に新たに「講

談社」の看板を掲げ，大衆娯楽誌『講談倶楽部』を創刊します。

　雄弁と講談というオーラル（口述）文化からのスタートからして「ラジオ的」です。野間の雑誌事業の革新性は，20世紀的な「声の出版資本主義」を体現していたことです。『雄弁』も『講談倶楽部』も声の文化を活字にした雑誌です。やがて帝大書記を退職して出版業に専念した後も，野間は雑誌の目的と対象によって大日本雄弁会が発行する「為になる」教化雑誌（『雄弁』『少年倶楽部』『婦人倶楽部』『現代』『少女倶楽部』）と講談社が発行する「面白い」娯楽雑誌（『講談倶楽部』『面白倶楽部』）を使い分けました。この両社を統合した「大日本雄弁会講談社」の国民大衆雑誌として，「日本一おもしろい，日本一為になる，日本一安い雑誌」と銘打った『キング』が創刊されます（この旧社名から「大日本雄弁会」が消えるのは『キング』が終刊した1957年ですが，以下の記述では略称「講談社」ですべて記述します）。そのため，昭和前期の大衆文化を「講談社文化」と呼ぶことがありますが，それを象徴したのが「日本初の100万部雑誌」『キング』です。

　『キング』創刊は当初1924年新年号と予告されましたが，その誌名登記の6日後，1923年9月1日に関東大震災が発生したため刊行は1年間延期されました。社屋が無事だった講談社では，『キング』創刊準備スタッフによって急遽『大正大震災大火災』が製作されます。多くの新聞社が罹災し，新聞で新刊広告ができないため，同書の宣伝には約60万枚の葉書が使われました。また，『大正大震災大火災』は「雑誌扱い」特別配本（無制限に返品自由な委託販売）が成功し，講談社は取次店の信用を獲得します。その結果，雑誌としては『主婦之友』の24万部が最大であった当時において，『キング』は初刷50万部という未曽有の創刊号を実現します。

この創刊号が準備されていた1924年6月、護憲三派（憲政会、政友会、革新倶楽部）による加藤高明内閣が成立し、『キング』創刊から3カ月後の第50回議会において25歳以上の男子を有権者とする普通選挙法が成立します。その意味で、『キング』創刊キャンペーンは来るべき普通選挙時代の「大衆宣伝」を先取りしています。全国の新聞紙で展開された『キング』創刊の特大広告は空前の規模に達しました。革新的なキャンペーン方法も導入され、雑誌名入りの幟旗を書店の店頭に掲げたのも『キング』が最初とされています。「国民的大雑誌」「一家に一冊」「世のため人のため」のキャッチフレーズを大書したビラ、特大ポスター（図14）など新聞広告以外の宣伝文書が全国に配布され、風呂屋のポスターから街頭のチンドン屋まで「キングだらけ」の状況を呈します。コマーシャルソングとして「キングの歌」（野口雨情作詞、水谷しきを作曲）のレコードも発売され、「キング踊」の振り付けまで用意されました。

この創刊号は増刷を続けて74万部に達します。翌1926年新年号で100万部を超え、明治節（11月3日）制定を記念した箱入別冊『明治大帝』を付けた1927年11月号は140万部、翌28年11月の御大典臨時増刊号「国民修養絵巻物」は150万部に達します。この1928年、ついに講談社は新聞掲載の広告量でも「日本一」となります[3]。

『キング』創刊当時、ラジオ放送はまだ始まったばかりで鉱石ラジオによる個人聴取が中心でした。一方、家族で回し読みされる「100万雑誌」は、ほぼ唯一

※3　この大衆宣伝と大量販売のシステムが雑誌化した書籍、すなわち予約制・定期刊行の「円本」ブーム、その余波である岩波文庫の創刊などを可能にしたと言うことができます。佐藤卓己「ラジオ時代の国民化メディアー『キング』と円本」（筒井清忠編『大正史講義【文化篇】』ちくま新書、2021年）を参照。

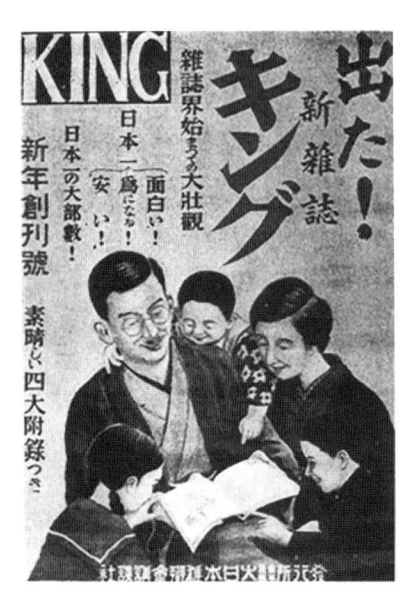

図14 「日本一面白い，為になる，安い。日本一の大部数」を謳った新雑誌『キング』創刊を伝える大日本雄弁会講談社のポスター

図15 吉邨二郎「初放送」『キング』1931年新年号付録の『明治大正昭和大絵巻』で1925年を描いた1枚。図14の『キング』創刊ポスターと対比すると，ラジオも『キング』も同じように家庭の中心で機能するメディアだったことがわかる。

の実質的な全国メディアとして「大衆の国民化」を推進しました。趣味も専門知識も細分化する近代社会においては，個人が社会の全体性を読書で実感することは容易ではありません。しかし，『キング』という国民化メディアは，それがあたかも可能であるかのような共同体幻想を人々に与えました。小説，論説，小話，漫画，時事解説から映画・芸能などの雑多な情報まで盛り込んだ『キング』を読めば，だれでも国民的教養を共有したような気分になれたのです。典型的な記事を挙げれば，「『キング』を読みこなす六歳の神童」（1925年8月号）でしょう。むろん，総ルビ付き『キング』を声に出して読み上げるだけなら普通の子供でも可能でした。

そうしたメディア環境の変貌について，普通選挙法公布の熱気の中で評論家・室伏高信（1892〜1970）は「ラヂオ文明の原理」（『改造』1925年7月号）で論じています。新聞紙は19世紀の地方的小社会の要求であり，20世紀の高度文明の原理はラジオによる知的統一である，と室伏は主張します。それゆえ，人間もメディアもすべてが「ラジオ化」し，次のような平準化された大衆民主主義の出現を予言します。

　　政談演説のごとき類ひのものと雖もその水準は今日あるよりも遥に以下にと引き下げられなくてはならぬ。……ラヂオの前に立つものは常に斯くのごとき無知なる大衆を相手とするものでなくてはならない。その標準は**『キング』の読者以下**である。

　確かに，ラジオ受信契約数よりも早く100万部の大台に達した国民大衆雑誌『キング』こそ，最初の「大衆の国民化」メディアと言えるでしょう。なるほど室伏の指摘するように，ラジオ聴取者と『キング』読者の姿はよく似ています（図14と図15を参照）。また，「ラジオを聞く」とは断片的で散漫な聴取を含んでおり，ラジオに耳を澄ますことでも，その内容を完全に理解することでもありません。討議のために思考する聴取なら持続的な注意力と集中力を必要としますが，「ながら聴取」が可能なラジオは情報への接触が目的であり，必ずしも内容の理解だけが目的ではありません。これと同じことが『キング』を読むことについても言えます。試験勉強の気晴らし，通勤電車の暇つぶしなどにも利用された『キング』の内容は，集中力を必要としないレベルにとどまっていました。また，雑多で断片的な誌面構成は，どこから聞いても楽しめるラジオ番組の編

図16　キングレコード第1回発売広告（『キング』1931年2月号）　レコードプレーヤーを囲む家族の様子は、『キング』（図14）やラジオ（図15）に集まる家族イメージと重なる。

成によく似ています。

　国民大衆雑誌『キング』が「ラジオ的雑誌」であることは、1931年に講談社から発売された「キングレコード」の存在によっても説明できます。キングレコードは『キング』の歴史的記憶を今日に伝える現存のレーベルですが、民間放送が認められなかった戦前の日本で『キング』の内容をレコードで「放送」しようとしたクロスメディア的な挑戦でした。定期的に発売され、「今月の新譜」と広告されるレコードは、月刊誌を模倣しています（図16）。『キング』創刊のポスター（図14）で使われた家庭の中心にあるメディアという構図は、ラジオ受信機（図15）がレコードプレーヤーに代わるだけで同じですね。雑誌とレコードは一見すると別ものですが、どちらも「プレスされた」パッケージ・メディアとして戦前は出版法で統制されていました。「雄弁」と「講談」という声の文化を

商品化した出版社が，ラジオのコンテンツをプレスしてレコード化することにもほとんど違和感はありません。

　それは「想像の共同体」（ベネディクト・アンダーソン）[4]における出版資本主義print capitalismの欲望と言ってもよいでしょう。ほぼ同時に同じ情報を得ている，そうした読者が津々浦々にいると想像できる範囲，それこそが「想像の共同体」すなわち国民国家の範囲に相当します。

　そうした国民の参加感覚を作動させる上でマスメディア，特に「国民化メディア」であるラジオ放送とラジオ的雑誌『キング』の果たした役割は決定的であったと言えるでしょう。『キング』に目を通し，ラジオ放送を耳にするだけで，大衆は国民国家に参加している安心感と満足感を得ることができたからです。

※4　ベネディクト・アンダーソン，白石隆・白石さや訳『定本 想像の共同体—ナショナリズムの起源と流行』書籍工房早山，2007年は，新聞や小説などを刊行した出版資本主義が国民国家という均質空間の観念を育んだことを明らかにしています。

5. 世論調査は国民共同体を確認する装置？

マスコミュニケーションはプロパガンダ

　これまで明治の新語として「世論」と「情報」，大正の新語として「大衆」と「放送」を論じてきました。また，アメリカ英語mass mediaが第一次世界大戦期に登場したことについて触れた以上，第二次世界大戦とともに成立した政治用語mass communicationについても解説が必要ですね。

　1939年9月1日，ドイツ軍がポーランドに侵攻して第二次世界大戦が勃発します。その状況に対応すべく，ニューヨークで開催された「ロックフェラー・コミュニケーション・セミナー」の案内状で，その主催者としてロックフェラー財団の事務局長ジョン・マーシャル（John Marshall, 1903〜1980）が初めて「マスコミュニケーション」を公的に使用しました。このセミナーに参加した政治学者ハロルド・ラスウェル（Harold Dwight Lasswell, 1902〜1978），社会統計学者ポール・ラザースフェルド（Paul Felix Lazarsfeld, 1901〜1976）など「マスコミュニケーション学の創設者」はやがて対ドイツ宣伝戦で重要な役割を果たすことになります。それまで第一次世界大戦後の厭戦ムードからアメリカ世論は第二次世界大戦でも不介入主義にとどまっていました。政府として表立って戦争準備に踏み切れないローズヴェルト政権に代わって，裏口から対ドイツ宣伝戦への動員を代行したのがロックフェラー財団です。それ以後，アメリカでは戦時動員体制の強化を目的としたマスコミュニケーション研究に膨大な軍事予算がつぎ込まれ，今日のメディア研究の基礎が形成されます。

　科学と技術を駆使する総力戦において，使用された新兵器はすぐ敵側でも開発・採用されるのが普通です。武力戦の兵器が模倣され標準化されるように，宣伝戦の手段も同じものになっていきます。アメリカにおけるマスコミュニ

ケーションは，ナチ・プロパガンダに対抗する自らのプロパガンダを指す言葉でした。つまり，それはプロパガンダの代替語です。

　しかし，一般の辞書でマスコミュニケーションは「新聞・雑誌・ラジオ・テレビ・映画などの媒体を通じて行われる大衆への大量な情報伝達。大衆伝達。大衆通報。マスコミ。」（『広辞苑』第7版）とあるのみで，そこに「プロパガンダ」や「大衆宣伝」のニュアンスを読み取ることはできません。しかし，戦前はドイツ新聞学の，戦後はアメリカ世論研究の第一人者であった小山栄三（1899〜1983）は，「輿論形成の手段としてのマス・コミュニケーション」（『東京大学新聞研究所紀要』第2号，1953年）で，「戦前」プロパガンダから「戦後」マスコミュニケーションへの転換をこう説明しています。

　　輿論指導の手段に関しては第一次世界大戦までは専ら宣伝Propagandaと云う言葉が使用されていた。然し両大戦を通じ事実的にも意識的にも宣伝とは，「嘘をつく技術」と云う風にとられてしまった。それで宣伝のこの悪い意味を避けるため，プロパガンダと云う代りにマス・コミュニケーションと云う言葉が使用されるようになったのである。

　今日も「プロパガンダ」という言葉にはフェイクニュースと同じく欺瞞のニュアンスが含まれています。しかし本来は，この言葉も三十年戦争（1618〜1648年：ドイツ域内に各国が参戦した宗教戦争。講和時のウェストファリア条約により主権国家体制が確立しました）に際してローマ教皇グレゴリウス15世（Gregorius XV, 1554〜1623）が1622年に反宗教改革運動のために設立した「布教聖省Sacra Congregatio de Propaganda Fide」に由来する神聖な

宗教用語でした。そのため，第一次世界大戦以前の社会主義運動でも政治エリートの理論学習を意味する政治用語として使われました。だからこそ，ヒトラーが政権獲得後，ヨーゼフ・ゲッベルス（Joseph Paul Goebbels, 1897〜1945）を大臣として設立した「国民啓蒙宣伝省Reichsministerium für Volksaufklärung und Propaganda」でも，プロパガンダは国民啓蒙（Volksaufklärung）と並列されているのです。ヒトラーやゲッベルスがプロパガンダを「嘘をつく技術」と思っていたなら，プロパガンダを自らの省名に採用することはなかったはずです。

　一方で「大衆の国民化」をめざすナチ宣伝は，アメリカ商業広告の手法にも学んでいます。商業広告はそもそも大衆消費者に向けたものであり，購買力が最も低い人たちに照準を合わせて実施されるからです。同時代にナチ宣伝の広告的性格を鋭く見抜いていたのは，ドイツ共産党で新聞雑誌から映画までを傘下に持つメディア・コンツェルンを組織した政治家ヴィリ・ミュンツェンベルク（Willi Münzenberg, 1889〜1940）です。亡命先のパリで出版された『武器としての宣伝』（1937年）でこう述べています。

　　ヒトラーは「政治的広告」を，たくみに仕上げられた巨大なシステムにまで発展させた。そのシステムとはあらゆる芸術的手法，とりわけ戦争宣伝の経験を生かした巨大広告の洗練された方法，大規模な行進で発せられる言葉，洒落たポスター，輪転機とラジオを通した近代的広告といったもの全てだ。[1]

※1　ヴィリー・ミュンツェンベルク，星乃治彦訳『武器としての宣伝』柏書房，1995年，16頁。

共産主義者ミュンツェンベルクが「戦争宣伝の経験を生かした巨大広告の洗練された方法」で思い浮かべたのは，第一次世界大戦参戦時にアメリカで組織されたクリール委員会の広報活動でしょう（第3章参照）。

　また，女性や労働者階級まで含めて国民を総動員あるいは総参加させるために，交戦各国は社会保障などを通じて個人の家庭生活にまで直接介入し始めます。皮肉にも戦争国家warfare stateから福祉国家welfare stateは生まれました。日本でも総力戦となる日中戦争（1937〜1945年）が始まった翌年，1938年に厚生省が設置されます。こうした「戦争＝福祉」国家は，その正統性を維持するために大衆の支持，すなわち国民世論を政治過程に組み込もうとします。

戦争民主主義のための科学的世論調査

　皆さんも世論調査でかかってきた電話に出たことがあるかもしれません。あるいは新聞やテレビやSNSで内閣支持率などの報道を目にすることもあるでしょう。こうした今日の世論調査も戦間期のラジオ文明の中で生まれました。科学的世論調査は，マスコミュニケーションによる合意形成のために，ラジオの聴取者調査から転用されたものです。第3章で述べたようにアメリカのラジオ放送がヨーロッパや日本のような公共放送ではなく広告費で運営される民間放送としてスタートしたことも重要です。ラジオ放送という広告媒体（メディア）の効果は新聞や雑誌のように販売部数で計測できないため，広告の依頼主への説明材料として聴取率が必要とされます。アーチボルド・クロスリー（Archibald Maddock Crossley, 1896〜1985）が1929年にラジオ聴取率を初めて測定し，ジョージ・ギャラップ（George Horace Gallup, 1901〜1984）が1935年にアメリカ世論調査所を設立し，1940年にエルモ・ローパー（Elmo Roper,

1900〜1971）がローズヴェルト大統領から「（イギリスへの）武器貸与法」に対する事前の世論調査を依頼されます。「科学的世論調査の父」と呼ばれる彼らは，いずれも市場調査から世論調査に転進しています。彼らのマーケティング技術は国民を戦争に主体的に参加させるべく政治宣伝に活用されました。

　それにしても日本の世論調査に関する論文や解説の多くで，「世論調査は第二次世界大戦後にアメリカからGHQによって持ち込まれた」という，誤った記述が散見されます。これも本書の「はじめに」で触れたように，ナチズムを国民社会主義ではなく国家社会主義と呼びたい戦後民主主義者の悪弊（あくへい）と言うべき思考法でしょう。世論調査とは民主主義のテクノロジーであり，独裁政権が支配する戦時下には民意を測る世論調査など必要がなかった，と考えたいのかもしれません。しかし本当にそうでしょうか。

　そもそも総力戦の前提となるのは，大衆が主体的に戦争に参加する大衆民主主義です。それを可能にするのがマスコミュニケーション（プロパガンダ）であり，世論調査は大衆に国民として政治に参加しているという全体感覚を与えることができるシステムです。このため，世論調査は総力戦を遂行するための戦争民主主義には必要不可欠のものとなります。

　1930年代にアメリカで開発された科学的世論調査が，ドイツでも日本でも注目されていたことはまちがいありません[2]。たとえば，日中戦争下の1939年5月28日付『讀賣新聞』で，第二次世界大戦後に読売新聞社社長となる馬場恒吾（ばばつねご）（1875〜1956）はギャラップの大統領選挙調査を詳しく紹介し，日本での本格的な導入を次のように提唱しています。

[2]　佐藤卓己『ファシスト的公共性』（「はじめに」注3）の第3章「世論調査とPR―民主的学知の"ナチ遺産"」を参照。

国家が何か大事業を始めてもそれに国民が共鳴しなかつた日には，その事業は旨く行かない。だから，日本でもこの輿論測定法を一度試験して見たらどうかと思ふ。

　1939年9月の第二次世界大戦勃発以降も，日本の新聞各紙はアメリカの欧州参戦に関するギャラップ社の調査結果を何度も報道しており，戦時下でも「ギャラツプ投票」は輿論調査の別名になっていました。たとえば，「“支那に同情”へ盲進」と見出しをつけた1940年2月17日付『讀賣新聞』記事は，日中戦争で「日本に同情するもの」2％，「支那に同情するもの」74％とするギャラップ調査を次のように報じています。

　　　この『ギャロツプ投票』の投票者はアメリカ市民の各階級にわたり統計学的な基礎をもつてゐるので“輿論の国”アメリカの動向を探る好資料として各国でもその価値を重視してゐるものであるが，こゝに現れた数字と実際政治との間隔については主観的な判読を必要とする。

　1941年の日米開戦後もギャラップ調査は中立国から同盟通信社を通じて新聞各紙に配信されていました。たとえば，1943年2月26日付『讀賣報知』には「ブエノスアイレス24日発同盟・ニューヨーク来電」でギャラップ調査「米国の第一の敵は何国か」が次のように報じられています。

　　　日本50％，ドイツ34％，態度未決定13％となり，日本を第一の敵とする米国人が圧倒的多数を占めてゐる。

世論調査は「国民感情」観測装置

　戦時下の日本でもこうした科学的世論調査はよく知られており，実際に同様の世論調査も実施されています。本格的な全国レベルの世論調査としては，1940年5月に大阪毎日新聞社・東京日日新聞社が実施した「中等学校の新入学考査制度—輿論調査」が有名です。旧制中学ですから現在の高校に相当する学校の入試についての調査です。毎日新聞社の社告「本社の輿論調査」ではその「科学的方法」が次のように説明されています。

> 　　新聞報国をもつて念願とする本社は，常に正確迅速な報道とゝもに，輿論を正しき方向へ導かんことを期してゐる。……かく健全なる輿論の構成に努力しつゝある本社が，つねに慊らず感ずるのは国民の声を正しく公器たる紙上に反映せしめ，これによつて輿論指導に資せんとする場合，いはゆる輿論を把握することの技術的困難に逢着することである。本社はこの難題解決のため種々考究の結果個々の案件につき，**科学的方法**をもつてすれば，ほゞ正しく国民の総意の方向を測定出来るといふ目安を得るに至つた。

　府県別人口配分方式で3000人を選び出す割当法が採用され，質問票は社員による個別訪問面接法で回収されました。当時のギャラップの調査も同じ割当法を採用しており，アメリカに比べてわずかに5年の遅れのスタートです。さらに大阪毎日新聞社は同年11月に第2回「選挙法の改正」，翌12月に第3回「戸主選挙制の可否」に関する輿論調査の結果も公表しています。いずれも入試や選挙の制度改革をめぐる調査ですが，この科学的な輿論測定方法を盾に「政府案に反対　圧倒的多数」の見出しをつけています。そこに戦後の世論報道との連続

性を読み取ることは可能です。一方で，この過程で新聞が輿論指導メディアから世論反映メディアに変化したことも確認しておくべきでしょう。

　また，国民感情を示す数値をはじき出す科学的世論調査が新聞紙の投書欄ではなくラジオ番組の聴取率調査から発展したことも重要です。市民階級（読書階級）の輿論がアンケート調査などで示されたことは古くからありました。例えば，『明治三十八年二月仮名遣（かなづかい）改定案ニ対スル輿論調査報告』（1906年）は，文部省が各府県で教員を養成した師範（しはん）学校に対して仮名遣改定案への賛否を求めた結果の報告書です。こうした有識者に意見を聞く輿論調査に対して，科学的世論調査は学歴・性別・階級を問わない国民全体の民意を測るものです。やがてランダムサンプリング（無作為抽出）によって回答者を選ぶ手法も洗練されていきます。このランダムサンプリングこそ，「大衆の国民化」のイメージに相応（ふさわ）しいものかもしれません。

　1億人の国民意識を測るのに3000人の調査で十分なのはなぜか。その説明として，次のようなたとえ話がよく使われます。大鍋のスープ全体の味を確認するのに，スープのすべてを飲む必要はない。スプーン1杯で十分だ。ただし，そのためにはよく十分にかき混ぜておく必要がある，と。ランダムサンプリングとはこの「かき混ぜ」の技法です。この「かき混ぜ」によって，大衆は階級や世代や性差にかかわりなく「国民」として統合されます。その共通感覚が他律的強制に代わって個人の主体性や自主性による参加を可能にします。しかし，そうした「国民化」が実現されるためには，ヒトラーの言葉通り「一定の目標をめざした，容赦のない，狂信的なまでに偏った態度によって成し遂げられる」総力戦の経験が必要だったのかもしれません。

戦時下日本の「輿論の世論化」

　日本は第二次世界大戦をヒトラーのドイツと軍事同盟を結んで戦ったわけですが，当時の日本人はヒトラーをどのように見ていたのでしょうか。1936年8月の第11回オリンピック・ベルリン大会，いわゆる「ナチ五輪」を前に『独裁王ヒットラァ』（新潮社，1936年）を上梓した黒田礼二（本名・岡上守道，1890〜1943）の文章を見ておきましょう。彼は東京帝大在学中には新人会に属する左翼学生で，東京朝日新聞モスクワ特派員時代から尊敬するロシアの無政府主義者クロポトキンと共産主義者レーニンをもじったペンネーム「黒田礼二」を使っています。黒田はベルリン特派員となり，1931年12月に日本人として初めてヒトラーと会見した記者です。この社会主義者は，国民社会主義ドイツ労働者党を率いるヒトラーの中に「人民指導者」を発見し，その崇拝者となりました。

> 　彼といふ人間は普通一般の労働者であつてもよいし，又企業家の手代であつても差閊へない。……或は麦酒屋やレストランの主人だと言つても通用するだらうし，いや相当なお役人だと言つても別に可笑しくないだらう。然り，彼は**平均した「人民」**である。ふと私はドイツ人を**みんな寄せ集めて**，その**全数で割つた商**を求めたら，屹度ヒットラアみたいな恰好の人間が出来あがるに違ひないと思つた。だからこそ彼は今，真の『人民指導者』だ！

　ヒトラーがドイツ国民を「みんな寄せ集めて」「全数で割つた商」，つまり「平均した人民」であれば，ヒトラーこそ国民世論の体現者なのです。黒田はヒトラーに「大衆の国民化」を体現する「人民指導者」を見ていました。

科学的な世論調査とは言えないものの，第二次世界大戦開戦時の日本国内における親ドイツ感情を計測する世論調査も戦前から試みられていました。1940年3月，防共親善協会（日独伊親善協会から改称）は全国師範学校附属小学校，東京市など76の小学校，42の中等学校に対して，「欧州戦争は英独の何れに勝たせたきか」を児童生徒に問う調査を依頼しています。内務省警保局は「本回答の具体的発表は時局並国際関係上好ましからず」として，実数を伏せた比率「独逸側八割，英仏側一割，中立一割」だけが同盟通信社から各新聞社に配信されました[※3]。むろん調査主体が親ドイツ的団体であったことには注意が必要で，そもそも児童生徒が国際情報をどれほど持ち合わせていたかも疑問です。しかし，この調査結果からも一般家庭内の空気を読むことは可能でしょう。

　知識人向けのアンケート調査としては，『文藝春秋』1940年新年号の「国民はかう思ふ─輿論調査」があります。「帝都を中心とした日本の最高文化水準に在る一地方」の読者696人に調査票を送り全10問に回答を求めています。その調査目的を次のように述べていますが，「（支那）事変処理」を「民主化」に置き換えれば，そのまま敗戦後の世論調査の前口上に使えそうです。

　　　この際緊急に，国民の意思を反映する良き政治が行はれることを期待し，国家の健全なる発展向上延いては目下極度に要求せられてゐる事変処理への国論の統一に資せんが為めに，この輿論調査を企画した。

　この第7問「対米外交は強硬に出るべきか」では，「強硬にでる」432人（62.1％），「強硬にでるのは良くない」255人（36.6％），「不明」9人（1.3％）となっています。『文藝春秋』のような総合雑誌の定期読者は一般大衆とは言

えませんが，日米開戦（1941年12月）の2年前の段階で対米強硬論がすでに6割を超えています。

　その半年後，1940年7月に全国大学教授連盟輿論研究会が東京帝国大学・早稲田大学以下都下10大学の父兄，45,666人（有効回答11,789）に調査を実施しています。大学進学率が同世代の1％弱だった当時，子弟を大学に進学させることができたのは「財産と教養」のある家庭が多かったはずで，これも知識人階級への世論調査と言えます。

　この調査では「今次の欧州戦争に於て貴下は英独何れの側の勝利を望む」か，との問いに対して「ドイツ」9,697名（82.3％），「イギリス」344名（2.9％），「その他」1,748名（14.8％）となっています。ドイツ勝利を希望する父兄が圧倒的です。すでにドイツがオランダ本国を占領しているため，次のような問いも用意されていました。

　　日本は蘭領 東 印度の資源確保のため米国がこれを妨ぐ場合日米戦争を辞せざるや

　オランダの植民地インドネシアの石油資源の確保も，日本が1940年にドイツ，イタリアと三国同盟を結んだ理由の一つです。この調査で，日米戦争の回避を望んだのは1,334名（11.3％）であり，6,428名（54.5％）が日米戦争を辞せずと答えています[4]。こうした世論調査から推測すれば，ドイツの欧州戦争

※3　内務省警保局編『昭和十五年中に於ける外事警察概況』内務省警保局，271頁。
※4　小松雄道『乱世の一燈』実業之世界社，1967年，52頁。

勝利を願った知識人の多くが1941年12月8日の対米開戦も熱烈に支持したはずです。新聞が大衆世論を反映するメディアになっていたとすれば，その紙面を見る限り，一般大衆の空気はさらに過熱していたと見ることも可能です。

　以上は日米開戦前に公開目的で実施された世論調査ですが，政府が輿論指導の基礎資料とすべく開戦後に非公開で行った調査も存在します。その一つが情報局の「輿論動向竝に宣伝媒体利用状況」調査です。アッツ島玉砕など敗色が濃くなる1943年5月，全国地方小都市19カ所で農村青壮年を対象に対面方式で行われました。その報告書は情報局『㊙大東亜戦争放送指針彙報』第27輯（1943年8月）に記録されています[5]。興味深い部分を抜粋しておきます。

①長期戦はどこまで続くか

　3年　3.5%　5年　13.0%　10年　39.7%　50年　28.9%　50年以上　3.5%　不明　11.0%

②長期戦についてどう思うか

　これでは困る　2.3%　どうでもよい　2.5%　まだまだやれる　95.8%

③米国についてどう思うか

　内から崩れる　65.6%　益々結束する　34.3%

④米国の実力

　大したことはない　22.3%　相当なものだ　75.1%

⑤国民生活は

　安定している　76.1%　不安を感ず　16.1%

⑥米価

　高い　0.5%　適当　47.9%　まだ安い　47.6%

⑦労働力

　こんなに働かされてはかなはぬ　3.3％　まだ余力がある　81.2％

　農林統計調査員が集めた官製調査であることを考慮しても，驚異的な数字です。「長期戦」に関する①と②は，認識ではなく気分を問うています。戦争が10年以上続くと答えたものが72.1％に達し，その上で「まだまだやれる」95.8％はタテマエとしてもすごい数字です。

　戦時下の国民生活というと，皆さんはサイパン陥落（1944年7月）後の都市空襲にまつわる戦災イメージが強いかもしれませんが，この調査の1943年5月段階でも戦況はかなり悪化していました。しかし，国民生活に関する⑤⑥⑦を見ると農村部には「普通の生活」が存在したことがわかります。

　さらに日米開戦後の新聞紙面には，「輿論調査」の形式を借りた激烈な反米プロパガンダも確認できます。たとえば，1943年2月20日付『毎日新聞』夕刊（大阪版）には「叩き壊せ『青い眼の人形』―"どうするか？"の試問に答へた敵愾心（てきがいしん）」と題する記事が掲載されています（図17）。

　これは1927年日米親善のためアメリカから全国の小学校に寄贈されたセルロイド人形の処置をめぐる学童へのアンケート結果です。回答したのは青森県西津軽郡（にしつがる）鰺ケ沢（あじがさわ）国民学校初等科5年生以上の生徒たちです。

　◇破毀（はき）　89名　◇焼いてしまへ　133名　◇送り返せ　44名　◇目のつく所へ置いて毎日いぢめる　31名　◇海へ捨てろ　33名　◇白旗を肩

※5　太田昌宏「太平洋戦争期の「輿論調査」―情報局資料などから見えるもの」『放送研究と調査』2004年8月号参照。

図17 「児童は叫ぶ　叩き壊せ『青い眼の人形』」　1943年2月20日付『毎日新聞』夕刊（大阪版）の記事。

にかけて飾つておく　5名　◇米国のスパイと思つて気をつけよ　1名

　大きく×印をつけた人形の写真も「これが仮面の親善使」のキャプションで掲載されています。この記事中にさすがに輿論の文字は見当たりませんが，文部省国民教育局・久尾（ひさお）総務課長の談話は興味深いものです。

　もし飾つてあるところがあるならば速（すみやか）に引つこめて，こはすなり，焼くなり，海へ棄（す）てるなりすることには賛成である，**常識**から考へて米英打倒のこの戦争が始（はじま）つたと同時にそんなものは引つこめてしまふのが当然だら

う，この人形の処置について児童に回答を求めるなどといふことは面白い
こころみである。

　ここでの「常識」は輿論public opinionというより世論popular sentiments
です。その意味では少国民たる児童は学校の空気（世論）を正しく読んでいま
した。この世論調査を実施した西津軽郡教育会は「人形を一個所へ集め機会あ
る毎に児童らに見せて敵愾心を植ゑつける」ように決定しています。
　いずれにせよ，戦時下の輿論は限りなく世論と一体化してゆきました。小磯国
昭内閣が1944年10月6日に閣議決定した「決戦与論指導方策要綱」では次の
ように書かれています。

　　　与論指導ハ国体護持ノ精神ヲ徹底セシメ敵愾心ヲ激成シ以テ闘魂ヲ振起ス
　　　ルコトヲ目的トシ国民ヲシテ知ラシムベシ倚ラシムベシノ方針ニ則リ特ニ
　　　与論生起ノ根源ヲ衝キテ之ガ適正ヲ期ス。

　ここでは「輿論」が簡略化された「与論」と表記されていますが，「敵愾心
ヲ激成」する「決戦与論」は公議輿論とは無関係な大衆世論と言うべきもので
しょう。結局，私たちが忘れてはならないのは，「大衆の国民化」はそうした「容
赦のない，狂信的なまでに偏った態度」（アドルフ・ヒトラー）の中で達成され
たということです。現在の私たちがこうした「大衆の国民化」の戦争民主主義
の延長上に生きているのか，あるいは終戦で断絶して別の民主主義，たとえば
「国民の流民化」に向かって生きているのか。それを考えるヒントも本書から読
み取っていただければと思います。

おわりに：グローバル化時代のメディア史的思考 一国民のまま歴史できるか？

2023年の「世界史Ａ」追試問題で始めた本書は，ふたたび「私」が登場する「歴史総合」サンプル問題（東京外国語大学，2024年3月公開[※1]）で終わります。二つの世界大戦に挟まれた戦間期の大衆社会について，関連する五つの史料［Ａ〜Ｅ］[※2]とそれを学習する生徒と先生の対話で構成されています。ここでは拙著『「キング」の時代』からの引用文（史料［Ｂ］および［Ｅ］）に関連する箇所だけを抜き出しますが，ぜひとも全文をウェブ上で確認してほしい良問です。

> **1**　以下は，第一次世界大戦から第二次世界大戦にかけての時期をめぐって「歴史総合」で学んだことについての，先生と生徒のやりとりである。二人のやりとりと史料を読み，以下の問に答えなさい。
>
> **先生**：まずは第一次世界大戦がその後の政治に与えた影響についておさらいしておこうか。史料［Ａ］を読んでみよう。

　冒頭の史料［Ａ］はイギリスやドイツにおける総力戦への女性の参加と動員，すなわち「女性の国民化」を論じています。それは本書（16，55頁）で触れた

※1　東京外国語大学のサンプル問題は以下で公開されています。問題はhttps://www.tufs.ac.jp/documents/tufstoday/topics/tufsfeatured/24031401/240314_rekisisougou_sample01.pdf，正解・解答例はhttps://www.tufs.ac.jp/documents/tufstoday/topics/tufsfeatured/24031401/240314_rekisisougou_sample02.pdf。

※2　問題にある史料の引用元は以下の通り。［Ａ］林田敏子「第一次世界大戦と女性」，山口みどり／弓削尚子／後藤絵美／長志珠絵／石川照子編著『論点・ジェンダー史学』ミネルヴァ書房，2023年，［Ｂ］［Ｅ］佐藤卓己『「キング」の時代─国民大衆雑誌の公共性』岩波書店，2002年，［Ｃ］エヴァ・ホフマン，小原雅俊訳『シュテットル─ポーランド・ユダヤ人の世界』みすず書房，2019年，［Ｄ］Ｆ・Ｌ・アレン，藤久ミネ訳「極右愛国主義者」『オンリー・イエスタデイ─1920年代・アメリカ』筑摩書房，1986年，［Ｅ］山本秀行『ナチズムの時代』山川出版社，1998年。

テーマです。第一次世界大戦では出征（しゅっせい）した男性の職場に女性が動員され，銃後での戦争参加が求められました。総力戦は戦場の武力戦に止まらず，経済戦が加わります。敵国の生産力を破壊するための都市爆撃も始まりました。そのため前線／銃後との境界は曖昧になります。また，思想戦や心理戦は継続するため，平時／戦時との時期区分も明確ではなくなります。そのため，二つの世界大戦の時期は，戦間期を含めて，一般に総力戦体制期と呼ばれます。

　そうした参加＝動員による「大衆の国民化」が日本でも確認できる史料として，『キング』1925年新年号の創刊言が史料［B］で引用されています。第4章で扱ったように，国民大衆雑誌『キング』はそれまで女性誌と男性誌，少年誌と成人誌と性別，年齢別に分節化されていた雑誌メディアを統合する「ラジオ的雑誌」でした。その意味で「大衆の国民化」を象徴するメディアなのです。

生徒：この史料［A］にもあるように，戦争をきっかけに女性の社会進出が進んだからではないでしょうか。「男の職業」で働いたり，女性部隊に参加したり，銃後で戦争を支えたりしたことで，男性と対等な存在として認められるようになったのかな。

先生：そうだね。すでにそれ以前からヨーロッパで女性参政権運動は活発だったし，そうした積み重ねも大きいとは言われているけれども，戦争協力に対する見返りとして選挙権が拡大したという面は重要だよね。日本は第一次世界大戦で　①　を経験したとは言えないけれども，人びとの政治参加がさまざまな点で広がっていったという点は同じなんだ。その象徴が，発行部数が数十万部に及んだ大衆雑誌『キング』だ。史料［B］を読んでみよう。

　［B］佐藤卓己『キングの時代』
　　『キング』の成功は，政治の舞台への「大衆」の登場という第一次大戦後の巨大な社会変化と対応している。

〔中略〕第一次大戦は史上初の思想戦であり，ドイツ「軍国主義」に対する連合国「民主主義」の防衛戦争として宣伝された。建前であれ「民主主義」の側に立って参戦した日本でも，大衆の政治参加を抑えることは難しくなっていった。その意味で，いわゆる　②　の目標も，大衆が世論形成に参加するシステム，すなわち大衆的公共性の確立ということができた。〔中略〕

　『キング』創刊号が準備されていた1924年6月，第二次護憲運動の勝利を背景に加藤高明内閣が成立し，1925年3月第50議会において25歳以上の男子を有権者とする普通選挙法案が成立した。また，『キング』創刊号の発売1週間後には，婦人参政権の実施をめざす婦人参政権獲得期成同盟会（翌年，婦選獲得同盟と改称）も結成されている。「財産と教養」を入場条件とした市民的公共性（圏）の名望家政治が，「国籍と言語」を条件とした国民的公共性（圏）の大衆民主主義へと大きく開かれたのも，この1925年である。

　創刊号巻頭言「燦（さん）たりキング出現」にも，普通選挙と大衆民主主義の刻印は明確に浮かび上がっている。

　「〔中略〕庶幾（こいねが）うところは我が国民の全部にわたり，職業・階級・貧富貴賤の差別なく，老若男女，知識あるものも，知識なきものも，翕然（きゅうぜん）としてここに集まり，限りなき興味をもって耽読（たんどく）しつつある間に，自ら高尚なる気品と，堅固なる道念とを涵養せられ，一世是によってその風を改むるに至らんことである」。

〔出典：佐藤卓己『キングの時代―国民大衆雑誌の公共性』岩波書店，2002年。〕

先生：この頃日本でも「名望家政治」から「大衆民主主義」へと社会が変わっていったこと，そして「大衆的公共性」というものが生まれつつあった，ということが書かれている。ここで言われている「大衆的公共性」ってどういうものだと思う？

生徒：ちょっと難しいですけれど，『キング』創刊号の巻頭言にある「職業・階級・貧富貴賤の差別なく，老若男女，知識あるものも，知識なきものも」というところが重要なんじゃないかな。それまでみたいに，一部のお金持ちや高い教養を身につけた人びとだけじゃなく，ありとあらゆる人びとが政治に参加していく，ということでしょうか。

先生：素晴らしい！こうして世界の様々な地域で人びとの政治参加が進んでいくんだ。③フランスの植民地だったベトナムやイギリス植民地のビルマ（現ミャンマー）みたいに，こうした影響を無視できなくなって，部分的にではあるけれど，現地の人びとの政治参加を認めるようになっていった植民地もある。

生徒：ところで，この時期の「大衆化」といえば，映画とかジャズ音楽とか，新しい家電製品といった都市文化や大衆消費社会が花開いたということも勉強しました。

（中略）

問1　空欄　①　にあてはまる言葉を答えなさい。

問2　空欄　②　には，1910年代から1920年代にかけて日本で高まった，政治的自由獲得を目指す潮流をさす言葉が入る。この言葉を答えなさい。

　問1と問2は簡単な穴埋め問題です。答えは①「総力戦」，②「大正デモクラシー」です。②について「普選運動」と誤答した人がいるかもしれませんが，1890年代から継続した普選運動では時期的に適合しません。

　省略した史料［C］エヴァ・ホフマン『シュテットル─ポーランド・ユダヤ人の世界』では，伝統的なユダヤ人共同体でも第一次世界大「戦後」には大衆文化の流入により新しいファッションが普及し，改革的な組織が生まれた様子が描かれています。史料［D］『オンリー・イエスタデイ』（原著1931年）は

本書では第3章で示した1920年代のアメリカにおける「大衆の国民化」を回顧しています。この史料を読む限り，ナチ党が台頭するワイマール共和国の街頭政治との類似点が目につきます。日米関係を決定的に悪化させた1924年の排日移民法を含め，マジョリティの白人層がマイノリティを排除する「不寛容」な世論状況が描かれています。民主化と消費社会化の最先端にあったアメリカでも「ファシスト的公共性」は存在しました[3]。

生徒：「ボルシェヴィスト」とか「ボルシェヴィズム」って何ですか？

先生：共産主義者，共産主義のことだね。本来はロシア革命で社会主義政権を打ち立てたグループだけど，ロシア革命を脅威に思う人たちは社会主義者や共産主義者をボリシェヴィストと呼んで悪魔のようなイメージをつくりあげた。

生徒：なるほど。この時期に排除されたのは日系移民だけじゃないんですね。共産主義者やユダヤ人，黒人なども排斥の対象になったと書いてあります。人びとの政治参加が広がったのは良いことかもしれないけど，その反動でさまざまな人びとを排除する勢力も強くなったんですね。

先生：その通りなんだ。歴史総合の教科書にも，「社会主義の排除，アジア系・南東欧系移民の排斥や差別，人種主義の強化」がもたらされたと書いてあったけど，大衆民主主義はときに，人びとを特定の方向に動員したり誘導したりすることがあるんだ。

生徒：でもそれってなぜなんでしょうか。史料［B］で読んだように，大衆民主主義っていうのはどんな立場の人であっても，自分の頭で考えて政治に参加できる社会のことですよね。

※3　佐藤卓己『ファシスト的公共性』（「はじめに」注3）参照。ファシズムとニューディールの類似性については，W・シヴェルブシュ，小野清美・原田一美訳『三つの新体制—ファシズム，ナチズム，ニューディール』名古屋大学出版会，2015年に要領よく描かれています。

先生：いい質問だね。大衆社会で大きな影響力を持つのはマス＝メディアだ。人びとはマス＝メディアを通じて世の中のことを知り，自分の意見をつくる。でもマス＝メディアには，［⑤］。それを見るために，史料［E］を読んでみよう。さきほどの史料［B］の続きだ。

［E］佐藤卓己『キングの時代』

1940年9月，〔中略〕『キング』はキング編集局長名で告示を出している。〔中略〕

「私共は編輯（へんしゅう）について斯く考えております。

〇日本精神を作興（さっこう）したい。〇時局の真相を伝えたい。〇国策の伝令となりたい。〇戦線銃後の連絡者となりたい。〇時局生活に必要な常識を提供したい。〇国民に健全にして明朗な慰安をもたらしたい。

依て以て，皇国の興隆発展に貢献したいと，一同日夜奮励致して居る次第であります」〔中略〕。

4月号「社説」では，「国策完遂協力運動」が宣言され，その第一歩として，「簡素生活の実行」が提唱された。1940年7月号「公を先に！私を後に！（社説）」では，食糧報国が掲げられた。〔中略〕

〔太平洋戦争〕開戦三日後，12月11日に印刷納本された『キング』1942年新年号の社説「国民の誓」には，「宣戦の大詔を拝し，謹んで天地神明に誓い奉ります」がすり込まれている。

さらに「愛読者各位へ」で，『キング』の使命が次のように宣言された。

「日本人の美徳を総動員せよ！これがキングの使命の第一であります。更に時代の向かうところを明らかにし，国策の要求するところを日本の隅々まで伝える，これキングの使命の第二であります。更にまた時局下の最も健全な慰安となり明日の奮闘への活力となる，これキングの使命の第三であります」。

〔出典：佐藤卓己『キングの時代—国民大衆雑誌の公共性』岩波書店，

2002年。なお，一部の表現を現代仮名遣いに改めた。）

生徒：「国策の伝令となりたい」というところがとくにショックです。『キング』創刊号の頃とはずいぶん違いますね。どんな立場の人でも，雑誌を通じてしっかり学んでいこうという方針だったはずなのに，戦時下では国策を伝える手段になっている。

先生：そこだね。そしてもう一つ，大衆消費文化や都市文化も一種の「国策」として利用されていくんだ。史料［F］を読んでみよう。ナチスが「民族共同体」という人種による団結を生み出すために，どのようにして余暇を利用したのかについて説明している。

（中略）

問5　大衆民主主義にもかかわらず，なぜ人々は特定の方向に動員されたり誘導されたりしやすくなったのかについて，先生はマス＝メディアの重要性を指摘している。空欄　⑤　に入るのにふさわしいと思われる説明を考え，40字以内で答えなさい。

　問5は，マスメディアが広告媒体を意味していたこと（第3章），マスコミュニケーションがプロパガンダの代替語だったこと（第5章）を理解していれば簡単に解答できます。つまり，宣伝／広告の定義を示せばよいのです。東京外国語大学の解答例は以下です。

　画一的な情報を繰り返し発信するという特徴があって，大衆を動かすのに利用されやすい（40字）

　史料［F］山本秀行『ナチズムの時代』は「マスコミュニケーション＝プロパガンダ」を駆使したヒトラーのドイツにおいてさえ，露骨な政治宣伝よりも，

一見すると非政治的な余暇活動が国民統合に利用されたことを示しています。とりわけ，労働者に旅行やスポーツなど余暇活動を安価に提供した歓喜力行団（ドイツ語：Kraft durch Freude）の活動が解説されています。それは政治参加に飽きて私的な空間に逃げ込もうとする大衆を心地よい公的空間に引き戻すべく運営され，総力戦に向けた「大衆の国民化」を加速させました。

> **問6** 大衆化の時代に可能になった政治参加の拡大や，大衆文化の広がりには，どのような可能性と限界があったか。史料［A］〜［F］，先生と生徒の会話を踏まえて，300字以内で説明しなさい。また，以下の語句を必ず用い，使用した箇所すべてに下線を引きなさい。
>
> 女性の戦争協力　　大衆的公共性　　シュテットル　　「不寛容」
> 「国策の伝令」　　歓喜力行団

　問6は，本書全体が明らかにしようとした内容と言ってよいでしょう。これも東京外国語大学の解答例を挙げておきます。

> 　第一次世界大戦後に各国で女性参政権が実現した背景には，銃後での労働など<u>女性の戦争協力</u>がある。その結果，階級や職業，男女に関係なくさまざまな人々が政治に参加する<u>大衆的公共性</u>が世界各国で広がった。<u>シュテットル</u>というユダヤ教徒が数多く住む町にも多くの政治組織が登場し，積極的に政治に参加したほか，女性のファッションや生き方も大きく変わっていった。他方アメリカでは，共産主義者やユダヤ人，黒人への<u>「不寛容」</u>があおられ広がっていた。あらゆる人々に知識や娯楽を提供してき

た大衆雑誌も，「国策の伝令」として戦争に協力するようになる。ナチ体制の歓喜力行団も，自由意志と非政治性を通じて人々を体制へと取り込んでいった。（300字）

どうでしたか。「歴史総合」は歴史的思考を鍛えてくれますね。最後に，この問題に史料として使われた『「キング」の時代』を私がなぜ書いたのか，その執筆目的を示す拙著の冒頭にある一文を引用しておきます。

戦時体制下のメディア研究は，現在ある種のブームとなっている。私自身，そうした流れの中でメディア研究を続けてきたわけだが，伝統的なファシズム批判であれ，新しい意匠（いしょう）の戦争責任論であれ，そのあり方に違和感を抱き続けてきた。たしかに「政治的正しさ」のアリバイ作りとなるファシズム研究＝批判は量産されたが，自らがファシストになる可能性まで念頭においた研究はどれほど存在するだろうか。また，「国民」や「物語＝歴史（ゲシヒテ）」を批判する論者は多い。1944年5月号より表紙に「国民大衆雑誌」と刷り込んで終戦を迎える『富士（キング）』は，その批判対象として最適なものだろう。だが，知識人の目から見れば愚かしいだけの「物語」を，大衆が貪（むさぼ）り読んだことも事実である。そのような「物語」に救済を求める大衆の弱さをあげつらう気に私はなれない。同時に，大衆の渇望した「物語」を供給した作家やメディアの弱さを弾劾することにも慎重でありたい。国民国家批判をつきつめれば「一億総難民化のススメ」に行き着くが，幸福な難民はおそらく一部の強者にすぎない。弱さの糾弾（きゅうだん）は，強者のみを正当化する政治に至る。それこそが，ファシズムとは言えまいか。敵か友かの

踏絵を迫るファシズムの語り口でしかファシズム批判ができないわけではあるまい。

　もう四半世紀以上前の文章ですが，いまも思いは変わりません。国民国家への批判をつきつめれば「一億総難民化のススメ」に行き着く，と私は書いています。第1章の図1で示したように，私は「大衆の国民化」の後に，グローバル化（帝国化）による「国民の流民化」を予感しています。現在，世界的には大量の難民が発生して政治問題にもなっています。幸いにも，と言うべきでしょうか，今のところ日本からの難民は生じていません。一方で，「最後の国民化メディア」テレビ放送からの若者離れは著しく，国境なきインターネットの情報空間に私たちの生活全体が飲み込まれています。

　ドイツ現代史の研究者としてスタートした私は，欧州連合EUの中核となったドイツが大量の移民流入によって苦悩している今日の状況も気になっています。それは近代日本がモデルとした国民国家がドイツ帝国であり，戦後民主主義者が戦争責任論のモデルとして理想化してきたのがドイツ連邦共和国だからでもあります。

　いずれにせよ「人生100年時代」が喧伝されていますので，いま皆さんが高校生なら，かなりの人が22世紀の日本社会を目にすることになるでしょう。22世紀に日本人はなお日本国の「国民」なのか，あるいは国際社会の「公民」なのか，進むべき方向を見定めるためにも，「バックミラーをのぞきながら前進する」（マーシャル・マクルーハン）というメディア史的思考は必要だと思うのです。

図版出典

図1　著者作成

図2　津田正太郎「大衆なき社会の脅威―大衆とメディアに関する理論の変遷とその背景」『メディア・コミュニケーション　慶應義塾大学メディア・コミュニケーション研究所紀要』第67号（2017年），3頁

図3　London Metropolitan Archives, City of London／アフロ

図4　*The Daily Courant*, Alamy

図5　（上）Hans Peter Bleuel, *Ferdinand Lassalle oder der Kampf wider die verdammte Beduerfnislosigkeit,* München, 1979, S.176.（下）『イラストレイテッド・ロンドンニュース』*Illustrated London News*, 1847年5月15日

図6　『東京騒擾画報』（『戦時画報』第66号）1905年，福井県文書館提供

図7　ナチ党機関紙『観察者画報』*Illustrierte Beobachter*, 1932年3月12日号

図8　*Destroy this mad brute Enlist - U.S. Army*, アメリカ議会図書館蔵

図9　*I want you for U.S. Army*, アメリカ議会図書館蔵

図10　*The Signal Corps trains men for telegraph, telephone, radio There is in your locality a U.S. Army recruiting office*, アメリカ議会図書館蔵

図11　*Radio World*, 1922年4月1日, Freed-Eisemann Corporation 広告

図12　日本放送協会編『昭和七年　ラヂオ年鑑』2頁, 国立国会図書館デジタルコレクション

図13　Alamy

図14　『講談社の歩んだ五十年』明治・大正編, 講談社, 1959年, 621頁

図15　『明治大正昭和大絵巻』（『キング』1931年新年号付録）

図16　『キング』1931年2月号

図17　『毎日新聞』（大阪版）1943年2月20日付夕刊

アメリカ議会図書館（Library of Congress, Prints & Photographs Division）の画像は以下のサイトにて公開されているものを利用した。

https://www.loc.gov/pictures/

著 者

佐 藤 卓 己
さとう　たくみ

1960年, 広島県広島市生まれ。1989年, 京都大学大学院博士課程単位取得退学。博士（文学）。東京大学新聞研究所助手, 同志社大学文学部助教授, 国際日本文化研究センター助教授, 京都大学大学院教育学研究科教授を経て, 現在, 上智大学文学部新聞学科教授, 京都大学名誉教授。
主要著作：『大衆宣伝の神話』（弘文堂, 1992年。増補版＝ちくま学芸文庫, 2014年）／『現代メディア史』（岩波書店, 1998年。新版＝2018年）／『『キング』の時代』（岩波書店, 2002年, 第24回日本出版学会賞・第25回サントリー学芸賞受賞。岩波現代文庫, 2020年）／『言論統制』（中公新書, 2004年, 第34回吉田茂賞受賞。増補版＝2024年）／『八月十五日の神話』（ちくま新書, 2005年。増補版＝ちくま学芸文庫, 2014年）／『テレビ的教養』（NTT出版, 2008年。岩波現代文庫, 2019年）／『輿論と世論』（新潮社, 2008年）／『ヒューマニティーズ　歴史学』（岩波書店, 2009年）／『ファシスト的公共性』（岩波書店, 2018年, 第72回毎日出版文化賞受賞受賞）／『流言のメディア史』（岩波新書, 2019年）／『あいまいさに耐える』（岩波新書, 2024年）ほか。

歴史総合パートナーズ⑱

大衆はどう国民化されたのか—世論のメディア史—

定価はカバーに表示

2025年 3 月 22 日　　初　版　第 1 刷発行

著　者　　佐藤　卓己
発行者　　野村　久一郎
印刷所　　法規書籍印刷株式会社
発行所　　株式会社　清水書院
　　　　　〒102－0072
　　　　　東京都千代田区飯田橋3－11－6
　　　　　電話　03－5213－7151㈹
　　　　　FAX　03－5213－7160
　　　　　https://www.shimizushoin.co.jp

カバー・本文基本デザイン／タクティクス株式会社
乱丁・落丁本はお取り替えします。　　　ISBN978－4－389－50157－0

歴史総合パートナーズ

以下続刊